水田洋　社会思想史と社会科学のあいだ

――近代個人主義を未来へ貫く――

竹内真澄　編

発行　市民科学研究所
発売　晃洋書房

はじめに

二〇一五年は戦後七〇周年にあたる。様々な分野で過去七〇年の歩みを振り返り、そこから未来を展望しようとする作業が試みられることであろう。なかでも本書は、社会思想史家水田洋氏との対話を通して、社会思想史や社会科学の領域における到達の確認のための作業をおこなうものである。

社会思想史や社会科学の面白さを氏の仕事から得た者は多いと思われる。社会思想史というのは、社会史過程が時々の思想にどう現れるかを研究する分野である。これによって読者は、人間が社会思想史の外に出ることはできないことを思い知る。同時に過渡期における人間は、自己の思想を組み替えることで、過去の枠組みから抜け出すことが可能だということをも学ぶ。この面白さが水田社会思想史には顕著である。社会思想史は社会科学とつながっていなくてはならないということもうひとつのポイントである。このように考えてくると、社会科学の正確さとは、必ず社会思想史的な見通しを裏打ちしたものだということがわかってきて、両者を往復することの醍醐味を味わうことにもなろう。

ところで一九八〇年代以降、ポストモダン、構造主義などの「思想」が流行し、日本の知的状況は大きく変貌した。この時期、良質な戦後の社会思想史や社会科学の業績を継承することは、なにか時代遅れのことのように見なされ、日本の知全体が糸の切れた凧のような感じに変わった。多様といえば多様だが、芯のないパラダイム・ロスト状態が続くようになった。

ところが今日、戦後七〇年という節目が巡ってきた頃、戦後レジームからの脱却の掛け声のもとに、アジアの緊張が再び高まり、特定秘密保護法、武器輸出三原則の見直し、原発再稼働、集団的自衛権の閣議決定など、民意とは乖離した一連の好戦的事態が強権的に作り出された。この根底にあるのは立憲主義の危機であり、近代市民社会の成立の前提が揺さぶられるまでに至ったという把握もできる。これらは、もっとまえから進行中の「平和、民主主義、生活の向上」といった戦後的価値の衰退と相まって、得体の知れない大きな危機的状況の到来の一環をなすものである。

これにたいして、日本の知識界は、さきに述べたように、八〇年代以降の学問の様変わりを経ている。このため、ここに述べた危機的状況に必ずしも機敏に対応できていない。日本の知的環境にはすでに様々な層が組み込まれており、屈折している。それゆえこれらの諸相を含めて、英知を集約して戦後史ないし現代史の知的遺産を再確認し、先へ進まねばならないところへ来ている。つまり、近代思想とはそもそも何であったか、ありうるかという原点に我々は再び向き合わざるをえないのだ。

水田洋氏は一九一九年生まれである。氏は、西洋自由主義からマルクス主義まで広く研究したばかりでなく、通史として古代から戦後思想まで一人で辿った稀有な研究者である。戦後日本で近代主義、市民主義、マルクス主義などは一世を風靡したが、その後ひところの人気はない。元通りになることはありえないが、現在の危機的状況を受けて考えるならば、一九三〇年代に酷似した状況が再来したために、戦中の苦難から出発して出来上がった戦後の学問の成り立ちをわれわれがもう一度踏み固めていく必要が出てきた。つまり、日本の知的伝統を創造的に考えていくとすれば、氏に話を聞くべきタイミングが巡ってきたということである。

氏の学問的な歩みを聞き取り、それを現代史の思想遺産として受け止め、いつでも誰でもが利用できるように知識共有材として蓄積することがここでの課題なのである。このブックレットが小さいながら人々の共有材になればまことに喜ばしい。

本文中に登場する人物の敬称については煩瑣にならない程度に省略させていただいた。御容赦をお願いする次第である。なお、読者の理解を助けるため、本文中に＊を記した人物および用語に関して、末尾に簡単な注釈を加えた。

（文責　竹内真澄）

目次

第1章 社会思想史への歩み

社会思想史と社会科学への入門

——これまで私は、節目ごとに、水田さんの社会思想史関係の著作を再読してきました。とくに『近代人の形成』[*]『社会思想小史』[*]、さらにはアダム・スミス研究のさまざまな著作、なかでも面白かったのは論文「アダム・スミスにおける同感概念の成立」[*]だと思いますが、水田さんは、全体として、ヨーロッパ近代思想が、民主主義や個人の概念、そして個々人の社会性の歴史をいかに展開してきたか、そういった問題史を鳥瞰できる視座を鮮明に提出してこられたと思います。それはほぼ戦後の学界の共有財産になったと思います。そこで、今日はこれまでお書きになった主要なものを念頭に置いて、とくに御専門の社会思想史はどういうふうに社会科学と関係しているのか、いくつか質問をさせていただき、現在の社会思想史研究や社会科学研究にたいする展望を得ることができればと思います。まず、時間的な経過から、学生の時のことを伺います。

思想史の始まり

水田：ぼくの思想史研究の始まりといえば、卒業論文をまとめるころでしょう。その頃、すなわち一九四一年の卒業を見渡すころには職業としての研究者という覚悟はできていました。それを支えたのが、高島善哉*先生のゼミの一年でスミス、二年でホッブズを読み、スミスの『法学講義』の下訳を委嘱されたことでした。しかしまだ、実質何もわかっていない、マルクス・ボーイでした。

水田洋氏近影

近代社会観成立史の着想

――マキャヴェッリ*からホッブスをへてスミスへたどり着くという流れを私たちは水田社会思想史で学びましたが、このつながりがいつごろ見えてきたのでしょうか。

水田：ええ、マキャヴェッリはルネサンスでいいのですが、スミスからすぐホッブズというのは最初は面食らいました。学部一年でスミスをやったから、翌年はホッブズをやる。そのときは二人のくっつき方はわかりませんでした。わかったのはね、卒業（一九四一年一二月一九日）間際です。スミスの『法学講義』を翻訳するという話があり、下訳をわれわれ学生三人に作ってくれという、先生の話があり、それをやっているうちにこれは繫がりそうだと考えたんじゃなかったかな。マキャヴェッリはこれとは筋が違って、予科三年ぐらいにマルクス主義の源泉を求めて、始めた出発点です。旧マルクス主義者の「ああ、革命は近づけり」が虚しいので。

東京商科大学というのは、本科には予科から入ってくる、我々みたいな〝遊び人〟と高商からはいってくる人がいて、彼らのほうが経済学なんかずっとよくできるんです。受験勉強しているから。そういう人がいきなりホッブズと言われたら面食らうと思うんですけど、いっしょについてきてくれたんです。いま、不思議なくらいです。それでそうやっているうちに、卒業する前の、三年のはじめにスミスの『法学講義』の下訳を頼まれて、それは卒業までに終了しました。そのときに、スミスとホッブズをつなぐものがありそうだと思ったんです。

その翻訳が、後になって、戦後一九四七年に出ます。内田義彦*の『経済学の生誕』はこれを頼りにしているのです。

――丸山眞男*『日本政治思想史研究』の第1章の荻生徂徠論（一九四〇）は、ヨーロッパにおける近代政治学の端緒をマキャヴェッリとみなし、ここで近代政治学が台頭してくるという西洋思想史の理解を踏まえて、江戸初めの荻生徂徠にマキャヴェッリと思想史的な等価物を認めるという構造になっています。つまり政治と倫理とを分離させたという意味で両者は同じ役割を果たした、という分析です。それが一九四〇年に発表されています。この頃水田さんは丸山さんとの面識はなかったわけです。ということは、水田さんが、一九三九年頃からホッブズやスミスを読み、Ｆ・ボルケナウ*に通史的な発想を得て、ますます両者の相互のつながりを考えている頃に、二人はそれぞれ孤立分散的に、近代社会観形成史を構想していたということになりますね。

水田：戦前の最後の頃、羽仁五郎*『ミケルアンヂェロ』（一九三九）やすこし早く林達夫*の『文芸復興』（一九三三）があり、日本の歴史学もルネサンスを高く評価していた。東北大学の大類伸さんが、弟子たちとやっている研究があった。広島文理大学の千代田謙*という歴史学者がいて、わりとおとなしい研究ですが、地道にやっていた。

――ルネサンス、宗教改革から啓蒙主義へという順序がそれなりに筋道だって捉えられたのは、当時の歴史学者に共有されていたパラダイムだったのでしょうか。

水田：パラダイムとまではいえないかもしれないでしょう。こちらのうけとる能力も幼いし、近代思想に目ざめるキッカケになった林達夫の『文芸復興』をぼくは岩波講座『世界思潮』で読みました。それは一九二八年発行で、父の蔵書のなかにあった。戦後は大塚史学が入ってきて、宗教改革の意義をうんと強調した。すると、「そりゃあ困るよ」とルネサンスも重要なんだという反発が起こった。だから経済学史の小林昇*なんかは、「大塚さんはルネサンス評価がないからダメ」と言っていた。

――とすると、マキャヴェッリから始まる近代人の形成が、王様から小経営者的な大衆へと下降し、裾野が広がって、最後は資本主義まで行き着くという歴史像は、戦前にはまだなく、戦後出てきたものですか。

水田：そう、そこまでは戦前にはわかっていなかった。歴史家も文学研究者も、資本主義とか産業革命とかには言及するけれども、踏み込まなかった。だって、目の前にそういうものがぜんぜんない。どの時点をとるかによりますが、啓蒙というものが認識されるのは、ずっとあとですよ。大衆なんてとんでもない。貧困です。立ちん坊というのがあった。通りにただ立っていて荷車が来たら坂道を押してやる。それがぼくの記憶では、東京で言うと品川へ越える魚籃坂があって、そこの麓に立っている。魚のかごを乗せた車を押してやる。そういう労働、就労者がいたのが、ぼくの子供の頃の記憶です。軍馬払い下げの部落があって、そこにボスがいて、そういうトップの子だけが同じ幼稚園に通っていた。ぼくのうちには神棚がなくて、仏壇がない。それがどういうことを意味するか〝チビ〟だからわからないんだけど。そういうなかで育ってきた。

三木清、戸坂潤、林達夫

――三木が書いたもので、一九三六年発表の「自由主義観念否定への疑義」という文章があります。「マルキシズムでいふ階級のない社会も矢張り個人が自由になって初めて総ての個人が解放されるのである」というのです。水田さんの仕事は、あまり目立たない三木のこういう発想と近しくて、近代的個人の価値を非常に高く評価します。こういう考えは、どこから来たのでしょうか？ヨーロッパ思想史を勉強したからですか？

水田：近代的個人と明記しなくても実像は小説のなかにあるでしょう。ヘルマン・ヘッセでもトーマス・マンでもロマン・ロランでも。もう少し解説じみたものからも来たんじゃないかな。三木でも良いし、林達夫でもいいが、そういう文人たちがいたんじゃないかな。論壇にね。〝ガキ〟のころで言えば小学生全集と児童文庫、三木は予科時代ずっと読んでいるから、彼の影響は強い。三木、戸坂を抜いたら何も残らないくらいです。そこへ林達夫が入ってきた。とくに林の『歴史の暮方』。朝日の論壇には清水幾太郎やなんかが書いていました。そういうものを見てあっと思う。その程度の能力はあったと思うね。ぼくが当時一橋新聞に書いたりしたものについて、同級生はあの当時はわからなかったと言ってくれる。そういうズレがどうしてあったのか、わからないんだけど「貴兄はとくに早熟にて」と書いてきた後輩もおりました。

文学と社会科学の関係について

水田：ぼくはかなり早くアンドレ・ジッド*の『狭き門』を読んで感激した。女房に言うと笑われるんだが、本当です。ぼくはジッドを随分読んだんです。ジッドがソビエトに傾斜した点まで含めて、偉かったなあと、戦中に派遣されたジャワでも読んでたからね。あのね、日本からくる南方船は空船で来るんですよ。南からいろんなものを積んで帰るために。だから、日本の本をいっぱい持ってくる。室生犀星*の本を読んだら、中学の恩師の話が出てくる。これは面白いと思って、恩師に手紙を書いたりしました。文学は言語作品ですからね、それはかなり論理的な訓練にはなります。

――水田洋さんの一種の半生記『ある精神の軌跡』（東洋経済新報社、一九七八）の第2章「小平の森」に「めざめ」という興味深い項目があります。ここには、かなり普遍的な事柄と思いますが、青年が徐々に他者とか社会に目覚めていく姿が書かれております。非常に印象的ですが、青年が「あれかこれか氏 Herr Entweder-oder」の問題で悩むんです。そこから社会科学が発生してくる。そこのところが非常にうまく書かれております。

水田：書くことは書いたけどそれを学生に伝えられたかどうかよくわからないな。

――そうでしょうか。さきほど自分から三木清と戸坂潤を抜いたら何も残らないとおっしゃったわけですが、この「めざめ」の箇所で、具体的に戸坂潤のことが出てきます。お忘れかも知れないので少しだけ読みます。

水田：はいはい。

――「ところが、この場合、いちばん役に立ったのは、戸坂潤が『唯物論全書』のなかに、岡邦男と分担執筆した『道徳論』（一九三六）であった。そのなかに一行、『文学的表象はその現実的肉体として、社会科学的概念をその核心にもっていなければならなかった』と書いてあったのにささえられて、ぼくは、『文学は社会科学への過程である』といいだした。このことばは、村上一郎も記憶しているので、当時は何度かくりかえして下級生に説教したようである。ようするに、文学における感情的、具体的な認識から、社会科学における理論的、抽象的な認識へというようなことなのだが、戸坂からの引用文を読めばあきらかなように、かれが直接にいっているのは、科学から文学への移行であって、ぼくが強調したのとは逆である。もうすこしくわしく、戸坂のことばで説明すると『科学的概念が文学的表象にまで拡大飛躍することは、……この概念が一身化され、自分というものの身につき、感能化され感覚化されることなのだ』。社会科学は、個人までは取りあつかえるが、『自分』（あれこれの具体的な個人）は、文学の領域であり、その自分の行動の規準としてのモラルを、文学が追求するのだから、道徳は文学の問題であると、戸坂は主張したのであった。文学から科学への抽象化と、科学から文学への具体化との、往復運動が必要であったにもかかわらず、ぼくが前半の一方通行しか考えられなかったのは、『あれかこれか』に決着をつけようとあせっていたからでもあるが、もうひとつ、ファシズムとそれに便乗してあらわれたさまざまな非合理主義に対抗して、合理主義をまもらなければならないと考えていたからであった。」（『ある精神の軌跡』六八～六九頁）。

ここに非常に示唆的なものが含まれています。おそらくいつの時代にもあるもの、具体的なものを愛するか、それとも抽象的なものを愛するか、それは「あれかこれか」ではなくて本当は総合でしか答えようがないものですけれども、にもかかわらず、青年というものはそれを択一の形で問う。どちらから入るかは順序であり、どちらかの排除ではないとしても、アクセントとして抽象のほうを水田さんは選んだ。そこに、社会科学が離陸してくるプロセスが示されているわけです。こういうふうに青春をくぐっていくことができていたら、私（編者）の青春ももうちょっとましだったんではないかと反省しますが（笑い）、それはともかくとして、抽象と具体の関係はここで終わらない。結局それが『社会科学の考え方』（講談社新書一九六九）につながっていったのですね。

水田：はい。

――『社会科学の考え方』は、学生の時の「めざめ」の問題を延長して扱っています。「あれかこれか」つまり具体と抽象の関係にかかわっているということです。新宮哲也という高島ゼミの学友から「学生時代からこの問題を考え続けたことに敬意を表する」と書かれたハガキを受け取られたと書かれています。

社会科学者自身も生身の人間ですから具体を愛するのですが、いったんは抽象に入っていこうとする。具体的な生々しいものを一旦断ち切って、抽象を徹底しないとものにならない。たとえば、自己保存を求めているのが人間だ、みんな本質的にはその点で同じだというふうにホッブズが人間を捉える。それは、近代社会を平等な個人から構成されたものとして掴む上で決定的に必要な抽象ですね。生存のために皆が生きている。しかし、それを煎じつめれば万人の殺し合いだ。じゃあどうするか。契約による国家の作成しかない。こういう筋道で社会契約論をホッブズがつくりえた前提は、人間とは○○であるという抽象です。四方八方に気を使って、身分制にも気を配り、ブルジョアにも気を遣い、けっきょくどっちつかずに終わるような人には抽象という作業ができません。こちらも立ててあちらも立ててと顔色を伺っている人は社会科学的な抽象の切れ味を出せないんです。マルクスの場合でも同じです。彼は、労働力が商品化されているのだと言い切る。この規定が過酷すぎるように感じる人は、しばしば反発します。しかしそれは、甘ったるい人間性に固執するからです。結局、こういう面もあるがああいう面もあるというような割り切れなさをかかえこむだけで、ちっとも先へ進めない。ホッブズとマルクスは、時代とか立場はおおいに違いますが、共通して、具体を抽象化することの鋭さは見事なものですね。具体的な人間の具体的な経験の、そのなかの隠れた核心を引き出してくる、それが重要ではないでしょうか。

水田：そうね。伝えられるのは言葉だけなんですからね。今驚いてるのはホッブズから「ノミナリスト　アダム・スミス」(「学士院紀要」第六十八巻第三号、二〇一四年）のスミスにつながっているってことです。「社会科学は個人までは取りあつかえるが、『自分』は文学の領域」というところですが、あの論文を読んで竹本洋*は、こうなると個人じゃなくて「私」まで行っていると言う。よくそこまで読んでくれたと思う。何人かはそこまで読んでくれたんです。でも、わからんという人もいるんです。経済学史だけやっている人にはわからんという人が多い。経済学史にはああいう個人は出てこないから当然です。だから前から言っているんだけど、アダム・スミス研究は経済学部向きではない。経済学史だけでは足りない。それでもぼくはずっと経済学部で教えてきたから仕様がないんです。

ジャワに派遣された頃

――大学を卒業されたあと、ジャワに派遣されますが、そのあたりのお話を伺います。

水田：一九四一年一二月に太平洋戦争が始まったときに大学は年限短縮で卒業して東亜研究所*に入って、そこから一九四二年（昭和一七年）一二月一八日輸送船安芸丸で神戸港からシンガポール（昭南）に向かいました。陸軍属として、従軍文官服を着て軍刀を下げていました。陸軍属というのは、ちょうどそのひと月前に陸軍省でもらった辞令に「任陸軍属給二等五級　治一六〇二部隊軍政監部附」とあったように、下級文官の名称で、国立大学の卒業生は、そこで二年勤めれば高等文官、さしあたっては司政官になれると言われました。ぼくは結局なりそこないましたが、高等文官試験の合格者は、すぐ任官できました。文官にも武官と同じく序列があって、中尉から中将まで相当するとされていました。属官では、ぼくは下士官の最上位の曹長相当とされて、従軍文官服の腕にも銀線が三本あったのですが、敗戦までの勤務中にぼくに敬礼した兵隊さんは一人だけでした。

新造の貨客船安芸丸の単独航海は快適でした。ミドウェーの敗北は知られていませんでしたし、客室サロンでは税抜きのビールが飲めました。もっとも、高速船は夜間に敵潜水艦を振り切るために蛇行を繰り返します。そのたびに船が大きく傾くので、怯えて顔色を変える船客もいました。救命胴衣を二つ抱えていて、巡察将校に「貴官は自分だけ助かる気か！」と叱責される司政官もいました。一週間でシンガポールに到着し、二週間余りの船待ちで、老朽船旭光丸でジャワに向かいました。船待ちの間に軍の慰安所というものを見学し、港の軍艦旗書店でコウルトン*の『中世思想史研究』とロシア語文法書を買いました。日本からは『リヴァイアサン』英語版と『武器よさらば』原書を持っていきましたが、俘虜時代にホッブズは紛失、ヘミングウェイはオーストラリア兵に奪われました。捕虜になってから読んだコウルトンは現在も役に立っています。

ジャワで得た二つのこと

水田：もとオランダ領インドシナの植民政策の中心であるジャワ島の首府ジャカルタ（バタフィア）に、占領軍の一員として（正式には軍刀をさげて）勤務したのは、一九四三年一月一六日のスラバヤ上陸から四五年九月六日スラウェシ島第二軍司令部への転勤までです。第十六軍軍政監部総務部調査室勤務が四三年五月二日から産業部食料管理局が本務で、調査室が兼務です。その頃のエピソードとして語られるのは二つあって、ひとつはフランツ・ボルケナウの『封建的世界像から市民的世界像への移行』（パリ、一九三四）の原本の発見、もうひとつはインドネシア民衆に対する供米促進パンフレットの執筆です。

朝日新聞『新聞と戦争』取材班の書いた記事がありまして、そこにぼくのことをこう書いています。「社会思想史研究者の水田洋は四三年一月、政府系の調査機関だった東亜研究所から、軍属としてジャワに派遣された。水田は軍政監部で、農業を担当した。農村から食料を取り立てる役回りだった。ジャワで入手したマルクスなどの著作を持ち帰り、戦後、アダム・スミス研究に結実させた」。この記事で、「マルクスなどの著作」とあるのは、ボルケナウについての情報のことです。

ボルケナウを発見する

水田：ボルケナウの原書を発見したことは、当時のわれわれすなわち日本の閉鎖された研究状況から出発した研究者にとってはショッキングな朗報だったのですが、要するに日本の研究条件の立ち遅れを示すだけのことでした。というのは、たしかにこの本は、ナチスに追われて亡命中のフランクフルト大学社会研究所が、ドイツ軍占領下のパリのアルカン書店（まもなく対ドイツ非協力で閉鎖）から、かろうじて出版したものではあったが、普及が妨げられたわけではなく、現にジャワにまで来ていた。日本でもその前半が新島繁・横川次郎の翻訳によって出版されていました。どこに立ち遅れがあったかと言えばいまでは想像がつかないことですが、すなわち翻訳されていない後半の、デカルト、ガセンディ、ホッブズ、パスカルの章を読むために原書を利用することができないということでした。すでに前半が翻訳出版されているのだから、原書は国内のどこかに、おそらく訳者の手元にあるはずで、複写は夢としても現物借用はできるだろうというのが常識です。しかし当時は、この本の訳者のような左翼的知識人に接近することは、特高に目をつけられる危険があるとされていました。図書館情報の不備もあって、日本でボルケナウの原書を見ることをあきらめていたぼくは、ジャカルタ高等法学院での本の発見によって大変勇気づけられましたが、実はその前から、この旧オランダ植民地の知識水準については多少の期待がありました。到着直後に『資本論』のオランダ訳を夜店で入手しましたし、砂糖エステートの資産調査（敵産管理）に行った同僚から、そこにパウル・フォーゲルのヘーゲル研究があったことを聞いたからです。

ボルケナウの原本を前にして、ぼくは途方に暮れました。戦争の成り行きがどうであろうとも、さしあたってここで読了する可能性は考えられなかったし、複写を取る装置の存在も同様でした。ところがちょうどそのとき、国際電電のジャカルタ支社の代表が大学の文芸部の先輩で、「うちのタイピストにやらせてみたら」と言いだしてくれたので、結局このエーコフという混血の女性タイピストが、自宅でアルバイトとしてドイツ語全文をタイプしたものを、ぼくは戦後スラウェシ島の捕虜収容所から日本に持ち帰ったのでした。美談として語られたのは、リプリントがでるまでの数年にすぎなかった。エーコフのアルバイト代はぼくが払いました。安いもんです。と言うより、陸軍属は住宅食事つきだったから、月給は余るんです。

ぼくにとってジャカルタでのボルケナウの原書との出合いは、卒業論文の課題であったホッブズからスミスへの道を切り拓くことを予想させるものでしたが、あとでわかったのは、日本には当時すでにこの本にイングランド革命期の近代化と日本との比較を読み取ろうとする人々がいたということでした。『日本資本主義発達史講座』あるいは日本の革命に関するコミンテルンの「三二年テーゼ*」の問題意識からかもしれません。東京の歴史学研究会に丸山眞男、遠山茂樹、松島栄一、京都からは奈良本辰也が参加したことが知られています。一九三五年に横川次郎と新島繁（野上巌）によって『近代世界観成立史上巻』として翻訳され出版されると、ウィットフォーゲルの中国論を除けば、はじめて接触するフランクフルト学派の著作ですし、訳者が付けた題名も魅惑的でしたから、研究者たちはそこに近代への脱出ルートを求めようとしたのです。この年にぼくは、まだ中学生でした。ここに挙げた先輩研究者たちと出会うのは、戦後の一九五〇年代になってからです。思想史の遍歴としてはもう一度ここに戻ってこないと始まらないのです。

ボルケナウをめぐる学者の関心

——ボルケナウの『封建的世界像から市民的世界像へ』に水田さんの訳者序文があります。そこで、丸山、奈良本辰也*の日本思想史にはボルケナウの影響があると書いています。ご自分と両者の間に近しい関心があるとお考えでしたか。

水田：一九六〇年代半ばには、丸山、奈良本との面識がありました。とくによくつきあったのは、奈良本でした。よく京都へ行っていたから。彼が直接にボルケナウを引用している箇所もある。近代的地主、ブルジョア地主をどう把握するか、という問題です。丸山さんとのつきあいは随分あとで、岩波文庫でホッブズを訳するときが一番近かったですね。その前、ホッブズは日本評論社の世界古典文庫に予定されていた。スラウェシ島から帰ってくるとすぐにやれっていうことで驚きました。最初は、恥ずかしいような出来栄えで穴があったら入りたい。ともかく本当の翻訳の訓練を受けてないんですからね、日本の大学では。だから、岩波文庫で改訳したいまでも恥ずかしいけど、岩波の文庫の二巻に「主権者権力」という訳語がある。これは sovereign power で、本当は「最高権力」と訳さなきゃいけない。この sovereign は形容詞で、主権者と名詞に訳しちゃいけない。誤訳です。直したいんだけど一〇〇箇所ほどある。で困っちゃった。死ぬまでには直さなきゃいけない。そういうものです。

——ボルケナウのことはだいたい伺ったかなと思いますが、補足がありますか。

水田：そこでフランクフルト学派*とのつながりができた。みんなフランクフルト学派を知らなかった。あとで、清水多吉*君がぼくの序文を見て、ああいうものを書きたかったと言ってきた。ルカーチの紹介はありましたが、フランクフルト研究所としての紹介はまだなかった。やっぱり最初の紹介者は三木清ですね。ボルケナウについて、しっかりした論文*が『思想』に出ましたが、あとはどうなったかしら。

米穀生産費調査について

水田：ボルケナウ発見と同じような、もうひとつの戦争エピソードとして米穀生産費調査と供米パンフレットがありました。米穀生産費調査というのは日本国内で農務省がやっていたことで、米の買い上げ価格の妥当性を支えるものですが、それを占領地でやるとなると、占領政策の妥当性を試すことになってリスキーなのです。食糧管理局の野崎局長も直属上司の長又課長も、そういうことを顧慮せずに調査をすることになりました。野崎局長は、経済学を河上肇先生から学んだと言い、長又課長は東大法学部で大河内講師の講義をきいていました。調査室から玉井虎雄司政官とぼくと同年で農経出身の寺内清彦君が参加して、東部・中部・西部ジャワの農村で調査を行い、ぼくが集計しましたが、手もとには残っていません。何か痕跡が残っているとすれば、戦後農工大学の教授として活動された玉井虎雄さんの著書の中でしょう。彼と長又課長は年齢が数歳しか違わない司政官で、勤務時間などについて好意的な取り扱いを受けました。ただし定時出勤のルールを守らず、別室で助手たちと夜まで仕事をするというようなことは事務系では勤務状態が悪いとして批難の的でした。

生産費調査は、生産に必要な諸経費を確認して買いあげ価格の正当性を立証しなければなりません。肥料代とか賃金とかです。戦時統制経済ですからすべて公定価格があります。必要量を公定価格で調達できれば、生産費は国の買い上げ価格に対応するものになります。しかし、市場価格すなわち闇値に頼らなければならないと、国の買い上げ価格では生産費は損失になります。損失が一般化すれば農民の生産意欲が減退しますから、危機意識が買い上げ価格の引き上げに向かいます。農民の不満を調整する媒体として、いうまでもなく農民運動、マスコミ、政党などがあります。ところで、これが日本占領下のジャワでのことだとすると、生産費調査によって軍の買い付けが正当かどうかが問題になります。ぼくは食料管理局別室で農村調査の結果を整理集計するにあたって、公定価格と実勢価格の双方によるものを作らせました。もちろん実勢価格によれば経営は赤字です。日本が搾取していることになります。集計表の作成はインドネシア人の助手たち、混血のタイピストたちと一緒にやったのですが、彼らは仕事を面白がって徹夜作業を共にしてくれましたし、赤字の結果が出ても、懐にすぐには響かないせいか、軍政批判よりも闇市の正当性を主張して笑っていました。調査結果が連合軍の手に入る可能性もないわけではないのですが、その後まもなく、生産費調査が成功と言われて図に乗ったぼくが、供米パンフレットを書いたとしても不思議ではないでしょう。ただし今度は、計算だけでなく戦争経済についての理論が必要だということにぼくは気が付いていました。戦争は国民経済の循環を破壊し、戦争が続く限り破壊を穴埋めするための収奪は必要になる。そういうことを英語で書いた原稿を、食糧管理局に来ていた、のちの高級官僚（スカルノ政権の官房長官）プリンゴディクドに見せたところ、こういうことは初めて聞いたからインドネシア語に翻訳配布しようということになりました。あきらかな反戦反軍ではあるが、問題はもう独立するインドネシア側に移ってしまったのだと考えているうちに、日本でもインドネシアでも年度が終わり、間もなく戦争自体が終わったのです。

――反戦活動などできる状況にはないわけですが、調査員として大日本帝国とインドネシア植民地の関係を搾取関係として暴く内容のパンフレット原稿をお作りになって、国家主権が転換するぎりぎりのタイミングでそれを植民地側の人物に渡した。それは本当にきわどい行為でしたね。

戦争中の人間関係と権力関係

――同世代で戦争に駆り出された方々は、よく初年兵として殴られたと聞きますが、そういう経験はおありですか。

水田：あれはね、軍隊じゃないから、まるっきり違うんです。陸軍属という、属官というのは一人前の官僚じゃないんですね。ひとつ下です。文案を起草する資格はないんです。それでもね、そういう属官でもジャワに行くと、各県庁から志を立てて、〝南の風〟に乗ろうとしている人が来ている。その人たちの身分は雇いなんです。それで彼らは言う。「あなたはいいですよ、もう任官しているんだから」。ぼくから見れば司政官になって一人前だと考えている、もの言えないから嫌だ。だが、直属上司がいるけど、そういうことで取り締まりを受けたってことはぜんぜんない。ぼくは軍政監部調査室所属だったけど、食糧管理局に引き抜くという話が出て、兼任でどうだということになった。兼任だとどっちに従うかわかんないから、楽なんですね。それで兼任になって、そこからコメの供出の話になるんですが、長又司政官はぼくより四つぐらい年長かな。東大法学部の出身で、あとで大河内一男さんの自宅につれていってくれた。食料管理局は、ぼくのやっていることを全部放任してくれる。そんなことしていいのかいっていう感じだった。コメの食料管理局だからコメの供出状態が問題なんで、君行って見てきてくれと。帰りの報告に、いろいろうまくいってない、だいたい命令通り行ってるはずないという報告をしても、そういう出張報告をする奴はいないんだけど、それで済んでいるんです。いや、実に変な社会だった。

――戦争中の権力構造がどういうわけか非常に希薄だったのですね。

水田：そう。内地でやっている生産費調査をジャワでもやろうということになって、計算機やなんかを別室に運んでやってくれということになった。そうすると、庶務は怒るんですよ。勤務状態が悪いって。いくら怒っても長又課長のところからぼくのところへ来ない。

――止めていたんですね。

水田：彼が書いたものを読むと、あの頃が懐かしいと書いている。

第2章 戦中から戦後の仕事へ

水田：戦後、日本評論社が翻訳で世界古典文庫をどんどん出します。あれを出してくれたことが助けになったんです。河出書房も翻訳を出してくれたから、助けられた。河出の社長はぼくを信頼してくれて、助かりました。最初の頃の読むに耐えん翻訳でも、河出さんがやってくれた。ありがたいことでした。最初ですから、やるほうも大変でした。

名古屋大学に着任するのが三〇歳の時ですから、一九四九（昭和二四）年発令、五〇年着任です。それまでに高島善哉*先生のもとで古典文庫版の『リヴァイアサン』（一九四九）と、先生と共訳のスミスの『法学講義』（一九四七年、高島・水田共訳『グラスゴウ大学講義』と題された）を出版していました。

――高島門下で研究中、スミスとリストをめぐって、大河内さんも同じテーマで著書を出されたのですが、どういうふうにご覧でしたか？

水田：あの二人の間には著書の出版まで連絡はまったくなかった。評価として、スミス研究としては大河内一男さんのほうが遥かにわかりやすい。それだから生産力主義だの戦争協力だの言われるんですが、高島さんはスミスの『法学講義』を入れて『国富論』『法学講義』『道徳感情論』の三つの世界でまとめようとする独創。ぼくはそいつを受け継いでいるから、高島さんに近い。でもわかりやすさでいうと、大河内さんが優っていた。そういう感じ。大河内さんは、無職のぼくのことを心配してくれて、ある時、高島さんに「水田くんをどうなさるおつもりですか」と聞いたそうです。それで高島さんはびっくりした。名古屋大学への赴任の話のまえです。東京商科大学が一橋大学になって、社会思想史は大塚金之助が担当してました。ぼくの就職のことで大塚との問題で、高島さんは非常に困ったんです。つまりね、高島さんは社会学の教授なんです。ぼくは社会学は嫌で社会思想史をやりたい。大塚金之助*は社会思想史の教授で、かれは高島さんの恩師なんです。頼むこともできない。一橋大学でぼくが社会思想史の研究を続けるためには大塚の社会思想史の講座の助教授になるほかないが、大塚はぼくを嫌っていた、ということです。それでね、まわりが心配して、高島先生、大塚さんにぼく（水田）のことを頼んだらどうですかっていうことで、機会をつくって連れていったんです。そしたら、うちの先生は大塚金之助先生のまえでは直立不動で何もいえないというわけです。だから、名古屋大学に行った時に、ぼくはすぐに一橋に帰るだろうというのが、学生たちの定説だったんです。しかし大塚はぼくを嫌いなだけでなく、彼には彼なりの弟子があり講座の年齢構成の問題もありますから、簡単ではありませんよ。

自分で考えてみると、ぼくは社会思想史というものについて戦前に大塚金之助が書いたものから学んでいます。その点では大塚のどの弟子よりもぼくのほうが早く正統に受け継いでいると思います。戦前には社会思想史という科目はありません。大塚は治安維持法違反で捕まっているわけだから、執筆禁止です。ただ、ときどき、コラムを書いている。一橋新聞に書いたりしている。それが戦後の岩波新書の『解放思想史の人々』になったんです。ぼくは、あれをもっと広げようと考えたんです。岩波から大塚金之助編で『社会思想小辞典』が出て、岩波が送ってきた。「ロンドンのカンタベリー」なんて書いてあるので、ぼくはいっぱい批判を書いた。大塚の弟子は何もやってないとも書いた。岩波の編集部はそれをそのまま大塚に届けましたと書いてきた。書いたのは社長の岩波雄二郎*で府立一中同期です。それで、それはおしまい。大塚の弟子は何人かいます。

講座派から戦後社会科学へ

——一般に、戦前の講座派的社会科学から市民社会論が出てくると言われますが、この関連はどう考えればよいでしょうか。

水田：資本主義の正常な発展を求めたからでしょう。講座派の議論の中で山田盛太郎*の『分析』のなかから日本の変革ってものが出てくるのか。あの本を読んだだけでは、とっても出てこないんです。しょうがないって話で、みんな「インド以下的」ってことになる。そのなかから近代を見つけるっていう仕事をしなきゃならんのと同じことですよ。そりゃあよく読めばあるんだ。あるんだが、それをあそこでいきなり引き出すと、みんな躊躇するんですよ。

——講座派ないし山田理論では、民主革命は急速に社会主義革命に転化するという具合に、二段階の変革の関連が掴まれていたと言われます。そしてこの講座派の議論の中からいわゆる「近代主義」が生まれてくるという説明になっています。それで正しいですか。

水田：うん、強行的にか急速にかですが、さしあたっては貧しいということです。まさかそこから革命が出てくるなんて夢にも思わないんだが、実はそれが全体としてはひっくり返る。山田盛太郎先生は、革命的プロレタリアートがどこかにいないか、いないかと探していって、結局、あの人は諦めたんじゃないか。それで、お嬢さんを学習院に入れるし。

——そうなんですか。それは知らなかった。さて、講座派理論は、寄生地主制を実証的に調べて、それが根強く残存していることを明らかにしたわけですが、それは占領軍による戦後改革のなかに見事に位置づけられて、戦後の農地改革など実際的な結果をもたらしました。二段階革命論のうち、占領軍は最初の段階のところだけを利用したと言ってよいですね。

水田：そこはそうですね。

——山田盛太郎氏から見て、自分の研究がそういうふうに役立ってくれるんなら嬉しいということがあったのでしょうか。また、その次の段階の扱いはどうなるのでしょうか。

水田：いや、ないんだ。そこでおしまい。一段階は済んだと。戦後、東大の経済学部の組合がステンカラジーンを歌っていたら、山田先生は「組合の連中は革命歌を歌っている」と言ったらしい。とくに農地改革は、一番大きい前進ですね。それで話が全部ひっくり返っちゃったんだけれども、それだけは困るぞ、というのがかなりいたはずですね。たとえば天皇制が封建制の残滓であることに間違いはないんだ。あのとき、GHQにいたニューディーラーなんかに話を聞いておけばよかった。いろんなこと、面白いことがあったのになあ。

——GHQ民政局次長であったチャールズ・ケーディスなんて、一九九六年まで生きていたんですね。竹前栄治氏の貴重なインタビューなどありますが、もっとたくさんいろいろと聞いておけばよかった。

社会思想史という科目につて

――戦後、社会思想史という科目ができたのはどういう理由ですか。

水田：社会主義へのあこがれがあるでしょう。新制大学ができたとき、教養に社会思想史の講座をつくったところは多かったでしょう。ぼくは社会思想史で就職したのではなくて、一九四九年になぜ来たかっていうと、名古屋大学は文系学部がなかったのに経済学部をつくってしまった。学生もいる。必須科目の経済学史を採点する教師がいないから、卒業させられない。それで講座はないけど、早く来いと。講座は借り物で、商工経済学という科目担当でした。商工経済学助教授として着任した。中日新聞が夕方電話をかけてきて、「本日県議会で、風呂屋の値上げが許可になりました。先生、ご感想は？」と。ぼくが経済学？と驚いた事件もありました。経済学部の科目で来たが、自分は社会思想史をやると思っていた。だから、一番弟子の宮本憲一*君は経済学史の講義を受けたと思っているけれど、ぼくは社会思想史をやっているんだと思っていた。それで、しばらく経ってから、宮本君の仲間の吉田静一*君が京大人文科学研究所に入ったことから人文研からぼくに来いと言ってきた。それでお受けしたんです。したんですけど、経済学部教授会が否決した。否決した方は残っていいてくれというんです。長老教授が「いまから君は社会思想史をおっぴらにやっていいんだよ」ということになった。社会思想史というのは、ぼくにとって、そういうひねくれたもんだった。名古屋大学には、教養部に社会思想史という講義がありました。だからぼくはそこにも講義に行った。掛け持ちでやっていた社会学の人が先任でいましたが、定年退職で空いていた。それでそちらにも講義に行って、水田珠枝*たちを相手に講義しました。教科書は留学から帰って書いた『社会思想小史』（ミネルヴァ書房、一九五六）を何度か改訂増補しました。

——『社会思想小史』についてはあとでまた伺います。

社会思想史担当になる

水田：岩波の『社会思想史概論』(一九六二)は、第三部を平田清明*の失業救済に利用したようなことになりましたけれど、人間、民族、階級の解放という考えで編集されました。これは高島さんの考えです。ぼくはあまりそこには噛んでいない。ぼくと平田の分担が序文で明記されているのは、先生の配慮です。

書評が出て嬉しかったのは、中央大学の生松敬三*君が一部と二部の文体を褒めてくれました。「簡潔鋭利で硬質な筆さばき、明晰な理論的処理」と。

——社会思想史というのは、個別科学の学史より広いものですか。

水田：ぼくはおよそ言語表現はすべて社会思想史だと言いたいんです。自分としては、そのつもりです。戦争があって、人間的反省というのもあったと思います。

ぼくの『社会思想小史』(二〇〇六)は、あれを書きながら、これを使いこなす教師はいないだろうと思いました。教える方が困ったでしょう。そういう教育を受けていませんから。アダム・スミスは十分社会思想史として扱えるんだけど、経済学部出身の教師だとちょっと持て余す。オックスフォードにもケンブリッジにも歴史学部(faculty of history)がある。そういう歴史学でやるべきじゃないかと思うんです。日本の歴史学は狭い。日本の歴史学と社会思想史はどうも折り合いがよくない。歴史学者の近藤和彦に「すべての歴史は思想史に帰着する」って言ったら、「その言や良し」とか言ってたけどね。

芸術、文学と社会思想

――水田さんの社会思想史は、芸術や文学のことが挿入されていて、時代のイメージをうまく描きますね。

水田：いま、言語表現は全てと言いましたが、表現は全てと言いたいんですよ。だから、内田、丸山と話が合うのはそういう面もある。だけど、丸山さんのフルトヴェングラー、内田さんの山本安英みたいに、あんなとこまでやってられないです。

『思想の科学』について

――水田さんは『思想の科学』*のグループとどういう関係ですか。

水田：鶴見俊輔*は、子どものときは同じ町内に住んでいて、それでね、それからジャワでは実際には出会ってないけど、彼は海軍部武官府で「慰安所」の設営もあったけれど、連合軍側の戦争情報をあつめていた。ぼくはおんなじ島の中で食糧の調査をやっていた。おんなじ雰囲気で話は通じるし、ときどきぼくの書いたものを褒めてくれたりする。でも、思想の科学グループとは接触がない。いかにも素人っぽいから。まともにやれよと言いたくなる。ぼくの弟子（正確に言えば弟子の夫）に丸山眞男を批判する安川寿之輔*がいる。「思想の科学」は丸山がえらいと思うから、「なんで安川さんはそういうことをするのか」と言います。ぼくは「いや、偶像破壊ならいいじゃないか」と認める。それぐらい違うわけです。

加藤周一について

――加藤周一*さんについてどうお考えですか。

水田：加藤周一みたいなやり方は、あの当時だから出来た。あれはとにかく原稿料の先取りでしょ。いい度胸だな。彼はフランス留学に応募して、本物の試験はぜんぶ落ちた。でも来てもいいと。旅費だけくれるというが、生活費は勝手にどうぞというやつだ。そこで加藤が考えたのは、日本の出版社関係にフランスから原稿を送るから、原稿料の前払いをしてくれと言った。それで行った。フランスというのは楽なところで、広いつきあいができたし、なんでも書けます。それで二、三年滞在して帰ってきた。ぼくも同じ頃イギリスに行ったが、イギリスはそんな寛大なことはやってくれない。とくにスコットランドでは。

――加藤さんとは同年、おなじ九月生まれなんですね。

水田：そうそう。彼は同じ年なんだが中学校では学年は一つ上です。飛び級しているんですね。彼の小学校は町立なんですよ、渋谷のね。こっちは市立で、すごい受験校で。それで飛び級の審査をするということになると、彼の小学校では該当するのは彼一人。こちらの青南小学校には一〇人も二〇人もいるから選定ができない。加藤のほうが自由だったでしょう。加藤は決定的に仕事ができたのは、バンクーバーに滞在した歳月のおかげで、あれは羨ましい。

――加藤さんは、最初「雑種文化論」のようなフランス文化を解する西洋型知識人として登場しましたが、最後には『日本文学史研究序説』が代表作になりました。この間の変身をもたらしたのは、バンクーバーのブリティッシュ・コロンビア大学での勉強のようですね。

水田：あれだけ、暇があって金があって、よかったたんだろうな。ぼくはあれで負けたと思った。その間、何も交流はないから、討論したことはない。矢内原伊作がもっと活発だったら紹介を受けたかもしれないがね。加藤は一年上にいるんだけど知らない。同じ一年上でも伊作とは毎日会ってた。中学一緒ってのはあんまり関係がない。岩波雄二郎とは学年が一緒だったけど、あいつが岩波の社長になるなんて、まったく知らないんです。岩波に、加藤が一年上にいたこと知っていたかって聞いたら、「知らん」と言うんだ。山岳会を作ろうとして、上級生に呼び込まれて気合を入れられたというようなことはあったけど。

アダム・スミス研究について

——私は水田さんの書かれた「アダム・スミスにおける同感概念の成立」（一九六八）で、はじめて市民の相互承認が、自律的な社会空間としての市民社会を成りたたせるというロジックを理解して、スミスの重要さがよくわかりました。まさに自由主義の原型ですね。

水田：「アダム・スミスにおける同感概念の成立」は思いがけない好評で、次の論文「市民社会と道徳哲学」のできの悪さをカヴァーしてくれました。後の論文はグラーズゴー版の記念論文集のために英語で書かれ、有江大介君*の指摘のようにマルクス主義の方法（史的唯物論）をアダム・スミス研究に導入したものとして、特にオランダ、イタリア、ドイツで（イギリスではなく）評価されました。若いアンドルー・スキナー*の教育にも役に立ったでしょう。方法に関してはもう一つ、ぼくの方法を鳥瞰的視座の構築と言っていただいたことも大変ありがたく、大型冊子体カタログの方が、単発のＩＴ検索よりも隣近所がわかります。ぼくの方法は、クェンティン・スキナー*の「コンテクスチュアルな方法」とは似て非なるものです。スキナーの方法はイギリスでなければできないのですが、ぼくのものと全く別のものではありません。鳥瞰的視座にはもう一つ、教養、思想という広がりの意味が含まれています。

スミスの同感論のその後

――「アダム・スミスにおける同感概念の成立」にヒントをえて、私は社会学専攻ですので、その観点から、同感概念のその後を辿っていくとどうなるかちょっと見たことがあります。一八五一年のスペンサーの『社会静学』を見ると、彼はスミスに一応敬意を示しております。同感ということを彼なりに咀嚼していますが、水田さんが明確にしたように、スミスが私益と公益とをつなぐ利己心を同感で冷却するということを述べたとすれば、スペンサーはそういう公私のつながりはいかにして可能かという課題設定をご破算にして、環境に適応しているかどうかで公益をきめてしまうのです、そうなると、市民同士が立場の転換をおこなう必要はなく、胸中の第三者も不要になります。社会的に役に立つ人だけが生き残るのですから、それ以外の人は死んでくださって結構という考えの、実に冷酷な市場論を展開します。スミスとスペンサーは、どちらも市場を評価する点では同じですが、スミスが下層中層に同感するのにたいして、スペンサーは窮民を見殺しにしても痛みを感じない。スペンサーの道徳観は、他人の自由を邪魔しない限りにおいてなんでも行いうることが人間の自由であるというかたちで、同感概念を文字通り資本家偏重で考えている。つまり、下層の人間をして資本家側に強引に統合するための同感概念がここで成立してまいります。こういうふうに、同感概念は一九世紀中盤に変質します。さらに二〇世紀なると、L・T・ホブハウスという、スペンサーの次世代にあたる人ですが、彼は労働運動なんかに非常に親近感を持っておりますが、そういう社会学者が出てまいりまして、彼の場合は労働者階級の間の同感というものが成り立つことを論じています。スミスの同感は市民の同感、スペンサーは市民というよりも資本家中心の反労働者的な同感、ホブハウスは労働者相互の同感というふうに、一〇〇年ほどかけて同感概念がかなり振幅を持って変遷してゆくということが言えそうです。

水田：スミスの市民社会が一応等質と考えられた後、産業革命が終わってからですから同感が階級性をもちます。そのまえのスミスのところにも、レイバーリング・プア（働く貧民）は絶対にいるんですよ。社会の底辺としての労働者と召使。見知らぬ人々のあつまりの同感が機能する社会で労働者と召使はどこにいるのか、そこで同感が通じているのか、わからないんです。

――スミスの場合、かなり雑多でも、一応全部が市民じゃないんですか。

水田：スミスは市民社会ではすべての人がある程度商人になるといいながら、それはメンタルに限るのか、マーチャントどころではない貧困層にも言及しています。典型的な例が哲学者に対するポーター（運搬人、運び屋）であり、分業の被害者としての「労働貧民すなわち国民の大部分が陥るに違いない状態」にある人々です。『国富論』では labourer と workman を使い分けています。救貧法についての議論もありますが、これは農村の問題でしょう。エディンバラでスミスのうちの近くに住んでいた牧師が貧困問題論を書いて、二度もスミスに贈呈したのですが、スミス自身もその後の研究者も反応した形跡がありません。スミスは同感の波及範囲として、路上の見知らぬ人の群れにも同感されるようにといっているので、均質的な社会全体を指すのでしょう。しかしスミスが単身で都会生活を体験したのは、『国富論』を書き上げて出版するまでの、ロンドンでの三年と、最晩年のエディンバラ時代だけです。すべてが商人になる社会と逃げればその場しのぎにはなるけど。貧しさということについて、どう考えていたんでしょうね。マルクスもエリック（ホブズボーム）も、原点はそこにあると思います。

――やや先回りになりますが、スミスの同感概念は、一九世紀のスペンサー、二〇世紀のホブハウスと受け継がれ、二〇世紀以降は、トムスン*が論じたような労働者階級の端緒的な形成を挟んで、労働者自身が日々の労働や生活の経験をもとにして自分のアイデンティティを階級的に構築するというところに迫っていきます。だが、大衆社会のような状況がおとずれて、階級というものを同感で生き生きつくっていくということはできなくなってしまう。これまでのところそういう経過です。日本でも、イギリスでも、おそらくどこの国でも同感で集団のアイデンティティを大規模に組織することはとても困難になっていると私は見ております。にもかかわらず、スミスが示したような中層、下層の人々がシンパシーを持ってつくる社会というモデルの意義は消えることはないとも思います。女性、若者、非正規、老人など、非階級的な諸特徴ごとのきわめて分節化された集団が出てきますけれども、これらは対自的な階級意識ではないにもかかわらず、事実上の階級状況がこれらの分節化された集団を貫いているわけです。事実上の階級状況は特徴ごとに多様に現れるのであって、決して一枚岩ではない。そこのところをどういうふうに無理なく縫合するかが現代の同感概念が直面する試練です。

水田：なるほど、それは面白い。トムスンも死んじゃった。とても礼儀正しい男でね。そもそもぼくはニューレフトの運動が起こったとき現地にいたから巻き込まれちゃった。トムスンとミーク*と、ホブズボーム*（一九一七〜二〇一二）はちょっと離れていたかな。だからぼくの蔵書、名古屋大学の図書館に入れたもののなかにはニューレフトが出した一番初めのパンフレットなんかが入っているんですよ。

——そうですか。

水田：ええとね、『ニュー・リーズナー』*とか、いくつかのものが『ニュー・レフト・レビュー』になっていく。

社会思想史と社会科学の関係

――水田さんの仕事は全体としてみると、スミスにおける同感概念もそうですが、社会思想がないと社会科学は出てこないということだったと思います。ところが今日の社会科学界を総体として見ると、必ずしも社会思想が何かスッキリ打ち出されているわけではない。少々極端に言えば、無思想でもやっていけるかのような仕事になっています。水田さんからご覧になって、社会思想と社会科学の関係はどういうふうに見えますか。関係のトータリティが欠けていると思われますか。

水田：そうです。個別科学者としてやってることはわかる。全体の体制としては、めちゃくちゃですね。とくにぼくみたいに引退してみると、どうなっちゃうんだろうと思って見ている。

――私は社会学専攻なので、具体的な例を出してみますと、社会学者はたとえば社会意識の調査を行います。データが集められて、ある時点で、国民の意識が変化したということがわかります。ある時点以前はAという意識が強かった。ところが、それ以降はBという意識が強くなって、大きな変化が発見されます。ところが、全てではないですが、大量の論文がその変化が起こった理由については書かず、またその変化の意味を書くわけでもないのです。ただ、とりあえずその変化が発見される。それでおしまいです。後代に賢い人が出てきて、原因だとか意味を解明してくれる、それを期待しているのかもしれないですが、論文は発見だけで終わる傾向がある。しかし、それで本当にいいのだろうかという疑問があります。これは、社会思想のない個別科学の事例のように思われます。どういう意味でその社会の意識の変化に気がついたのか、どうしてその変化について書くのか、その主体的理由はいったい何なのかと問い詰めていっても、はっきりした理由は返ってこない。そういうことが、社会学ばかりでなく、社会科学のいろいろな領域で起きているのではないかと思っております。

水田：ほかも似たようなことがあるかもしれないが、社会学はとくにそういう感じがしますね。歴史が抜け落ちる。それはどうしてかな。

テンニースの評価

水田：社会学のついでにいうと『ゲマインシャフトとゲゼルシャフト』を書いたテンニース*は近代的ホッブズ研究のパイオニアで、社会民主党の支持者で晩年は党員になるのですが、だんだんナチスに同調したと思われています。丸山眞男もそういうことをどっかで書いている（『「文明論之概略」を読む』中、二六七頁）』。でもね、テンニース派は抵抗しているんですよ。そして社民への投票を呼びかけている。ナチスの方でも社会学の中であの一派だけが、こっちになびかないと怒っているわけです。丸山は、そこの評価を間違えてます。

――私の知る限りですが、ドイツ人はきっとやっているんでしょうが、日本のテンニース研究はナチズム期の細かいところまで十分追いかけていないようです。

水田：テンニースの弟子のユリウス・リプス*が人類史研究所の所長をやっているところに、もとの学生がナチス党員としてやってきて、ここは今後自分が管理しますと言って、追っ払ったという。テンニース一派はきっと睨まれていたんでしょうね。

近代的個人主義の評価をめぐって

――ところで、近代的個人主義は、一七、一八世紀に出てきて、市民的科学の基礎になったり、あるいは近代民主主義の大元になったものです。そのときはいろいろな意味で有効でした。しかし、水田さんが二〇世紀や二一世紀になっても、なお近代個人主義を価値的に維持し、評価するのは、あえて伺いますが、なぜでしょうか。

水田：それは困った。しかしぼく個人としては二つのことがあります。一つは一八世紀の市民思想を一九世紀がどう継承したかということで、これはむしろ思想史研究者の怠慢あるいは無力ということでしょう。一八四八年に気を取られすぎてミルやスペンサーを問い詰める余裕がありませんでした。ウェーバーやサルトルへ飛ばすこともありますが。もうひとつは市民運動です。最近ある回想を書く機会があって想い出したのですが、一九七七年に愛知県の仲谷知事が提案した一九八八年名古屋オリンピック計画に対して、ぼくは「名古屋オリンピックに反対する市民の会」*の代表として市民運動を組織し、一九八一年にバーデン・バーデンの国際オリンピック委員会で否決させました。その後、新間正次参議院議員の学歴詐称事件では勝訴、二〇〇五年愛知万博では鈴木礼二知事の三点計画のうち里山開発・学園都市構想を撤回させ、国際交流計画の空虚さを暴露しました。

こういうことをするきっかけとなったのは一九七二年に、日本地域開発センターの理事としてアメリカの地域開発と住民運動を見て歩くうちに、コロラド州デンバーの冬季オリンピックが住民運動によって中止に追い込まれたことに気が付いた、ということでした。スキーのジャンプ台近くの住民たちの居住地防衛運動が、学生運動出身の運動家たちによって全州的な反対運動となったのでした。もちろん彼らは一九六八年の学生です。日本の一九六八年はどれほど市民運動につながったか。ぼくが関わった三つの運動のうち、オリンピック招致反対運動については愛知教育大学の影山健教授（スポーツ社会学）の系統の反国体運動の教師たち、学習塾の教師たち、自治労の組合員たちがいました。反万博のうち「里山を守れ」は、住民参加の運動になって成功したと思いますが、国際交流については市民が民族衣裳・民族舞踊を見ることで満足してしまったので、そういう人にアフリカの恐るべき貧困を知っているのかと聞いたところ、全く何も知りませんでした。

オリンピック招致反対運動の初めから、ぼくは納税者民主主義を掲げていましたが、運動に参加してくる人々と話し合っているうちに、彼らの関心が都市における自分たちの生活環境の確保、そのための施設の充実にあることに気が付きました。草野球のマネージャーをやっている末寺の住職にも、中学生にサッカーを教えているぼくのゼミ生にも、原っぱはいくつでもあるほうがいいが巨大競技場はいらないということです。公園・遊園地・保育園などのすべてについてそういうことが言えるでしょう。

都市と農村という問題がありますが、農村問題を棚上げにしていえば、『道徳感情論』は都市でなければ成り立ちません。都市で重層多数化する人間関係が対人感情を洗練すると考えたいのですが、東京都議会での女性議員のヤジ問題で、批判的意見のなかに「成熟していないんだ」という声があったのに同感しました。

漱石の個人主義をめぐって

――近代個人主義についてですが、漱石は社会進化論を批判する社会的自由主義の本を熱心に読みまして、彼自身が雇われ作家であったこともあって、ボスに命令されてただパンのために働くことをいさぎよしとしない立場に立つようになります。労働者が「自己本位」を貫いて個性的に生きるためには資本主義が邪魔だという立場です。労働者がボスの命令に従って働くのは今では当たり前のことと考えられていますが、行動の自己決定を個人主義の根幹と位置づけると、資本主義は個人主義の敵になるからです。「第二フランス革命」というようなテーゼに依拠して資本主義を批判したりもしています。これは漱石の死後に入ってくるソビエト・マルクス主義の立場とはだいぶ違いますし、一八世紀の啓蒙主義や一九世紀の生存競争的な個人主義とも違う。漱石のこういう個人主義には、なかなか含蓄のある未来があるように私は思ったんですが。どう、お考えですか。

水田：ふうん。そう。それはいつごろそうなるの？

――一九〇二年頃に「自己本位」に目覚めて、そこから社会の最底辺の人々にとっての個人主義の意味を考えるように徐々になっていきます。『それから』（一九一〇）とか「私の個人主義」（一九一四）にも出てきます。一九一六年に亡くなるので、晩年の数年間ということになります。

水田：うちのオヤジなんかがその年齢、それよりちょっと若い頃かな。ええと、ぼくが一九一九年に生まれるんだから、そうですね。オヤジは日露戦争のときの日比谷焼き打ち事件を見ていたと言うんだよ。それで、あれが一九〇五年でしょ。そのころ『進化論講話』（丘浅次郎訳＊）を読んで社会主義者になったと言っていた。一九〇五年から一九一九年の間に、どっかで社会主義になっているわけです。漱石のことは夏目さんと言っていた。つまり漱石の兄嫁がオヤジの従兄姉なので、夏目さんと言っていた。そういう雰囲気があったんでしょうね。

――漱石は、働く人のための個人主義というようなことを考えていましたが、一九一六年に亡くなります。

一九一七年はロシア革命の年なので、ソビエト・マルクス主義が入ってくると、個人主義はすべてブルジョア個人主義と同一視されてしまって、個人主義は悪であるということになってしまいます。すると個人主義をどうやって広げていくか、という問題が道を塞がれてしまった。ひとりひとりの個性を伸ばしていこうという話は消えて、個人は組織のために奮闘せよという階級闘争一本の理論になってしまったんじゃないでしょうか。

水田：そこから戦中の欲しがりません、勝つまではまで行ってしまった。だけど個人をどうするかっていうことは、かなり似たような動揺はどこの国にもあったようですよ。誰が〝火〟をつけるかってことです。スミスの場合だと、パトロンであったケームズという男がスミスの幼年時代に「啓蒙された利己心」といったか、それならいいということだった。その後、彼はスミスの弟子たちを自愛心ばかり言う群小哲学者とののしっている。でもスミスは無条件に出してくる。ドイツなんか、直接自愛心を出せないから「意識」というかたちで出してくる。いろいろそこを国別に細かくやるときっと面白いでしょうね。

個人主義と集団主義

――政治や経済の中には現実には集団主義がありますね。このことと近代個人主義の関係はどうなるのでしょうか。こういう問題意識は、学問の言葉で追求する時、社会思想における近代個人主義の意義という形でしか表現できません。そういうことも水田さんの仕事の中には感じ取れますね。

ブルジョア的なものについて

――それにしても、近代個人主義の一番良いところを継承して新しい社会をつくろうという発想は、非常にまっとうな考えだとお思いますが、それが必ずしも十分広がっていないのはどうしてでしょうか。

水田：それはね、簡単に言うと、ブルジョアは悪いものだっていうのがあるでしょ。ブルジョアでいいじゃないかと我々は言うんだ。ここでもう違っているんです。もっとひどい言い方をすると、プロレタリアートなんていやだっていうこともできるんだ。たとえば丸山眞男が一所懸命フルトヴェングラーを聴いて、これがブルジョア文化だと、彼はそう考えているんだろうね。これを社会主義が受け継ぐのかどうかと。もっとも彼は個別的なケースを考えれば、このままいくんじゃないかと。内田もそういうふうに考えただろうね。登っていかないとブルジョアのいいところは見えないという感じ。

この間、慶応の坂本達哉君が*『社会思想の歴史』を名古屋大学出版会から出した。彼が書いてる時から相談を受けたのは、ぼくのものを読んで「教養の違いがある」って言う。「先生は小説を読んでいるが、私の時はそれはありません」と言います。「代わるものは何かと言うと、映画です」と。だから、日本映画でわりによく褒められるものがありますね。そういうものをよく見ている。本当はそういうものでも日本の文化、町人文化として評価していいと思う。ブルジョアっていうものを教養の程度の問題として考えていいんじゃないか。日本映画について高い評価があることは知っていますが、ぼくはほとんど見ていないし、それにぼくは日本文学も葉山嘉樹以下のプロレタリア文学しか知らない。ぼくが読んだのは小説は翻訳です。

丸山眞男について

――丸山さんが亡くなられた後で、水田さんが「いまさら書いてもしかたないことだが……丸山眞男と討論する機会が永久に失われたことが残念である」と書いておられたのですが、何を念頭においていらっしゃったんでしょうか。

水田：そうですね。彼の「民主主義の永久革命」ということは自然に受け取っているから、それはわかっているんだ。極北はアナーキズムっていうのはどうかな。ただあの人お喋りなんだ。それが面白いってんでみんなついてくるんです。でも「とくに思想史では、丸山さん、それは違うよ」ということを誰かが言わなきゃならない。それはぼくには出来たと思う。丸山さんという人はそういうことでどうにかなる人じゃないから、ちゃんと対話が成り立つ。

――テンニースに関する評価なんかがそこに入ってくるんですね。

水田：そう。だけど、フルトヴェングラーがでてくると困るよっていう感じがある。で、そこでは、内田は丸山と話が通じるんです。そういう教養が層として形成される。世代というか、地位というか、なんかが日本にもできたんだから、そういうものがもっと広くなればいいなと思う。雑多性を許す雰囲気があるといいと思う。思想史の中でも人によって教養の多様性があるんだ。丸山さんは、そういうことでどんどん広げられる人だったと思うけど、実際には病気のせいもあるし、有名になるのが遅かったね。もうすこし早く有名になればよかった。

――社会科学を歴史的に考察する場合、往々にしてマルクス主義イコール社会科学と考える土壌が強い日本の場合、社会科学の自由主義段階というものをどの程度重視するのか、うんとそこを重視しなくてはならないという考えが水田さんや丸山さんにあると思うのです。この段階を、理論上、簡単にマルクス主義へ「止揚」したり、継承済みのものとみなしたりしてはならんという考え方です。水田さんが最近書かれた「ノミナリスト　アダム・スミス」（『日本学士院紀要』第六八巻第三号、二〇一四）のなかにも、唯名論的な個人の系譜が取り出されています。このノミナリスト（唯名論者）的な個人は、丸山さんの「国家から否定的独立を保持する個人」ということに非常に親近性があるように思われますが、いかがですか。

水田：そこは丸山と話し合ってみたら面白かっただろうね。この間のアダム・スミス論（上記学士院紀要）の終末はそこだと思います。だけど、そうだ、そうに違いない、しかしこれ言い切っていいのかどうか、と思っているからね。永井荷風のような独立知識人、ぼくはほとんど知らないけれど、もっと多数いていいと思う。大正デモクラシーはそういう人々を産まなかったな。

――唯名論的な個人は、歴史の中で出てきたものだということは間違いない。しかし、それはいつ、どの範囲まで有効な射程を持ちうるか、超歴史的な規範的な目標にまで仕立て上げてもいいかどうか、それはとても難しい問題ですね。

水田：日本には本当の歴史家っていうのがいないから困る。だから歴史学部をつくれっていうんだ。せっかく、ケンブリッジやオクスフォードにもあるんだから、真似すればいいじゃないかっていうんだけどね。

――社会科学部というのも、あっていいですね。そのなかに政治学、経済学、社会学、文化人類学などがあるというやり方です。ヨーロッパにはそういうものが結構多いです。

韓国近代化と中国近代化

水田：東京の丸山生誕一〇〇年シンポジウム*で韓国の話が出てきましたが、あのなかでは韓国には自生的な近代思想は出てこないということだったですね。どうしてもわからないな。実際ね、韓国にも学士院に対応する学術院があって、そこの会長をこっちの客員にしようというので、それをお前やれと言われて、行ったんです。しかしね、あの儒教社会の中に自生的な近代化をみつけるのは非常に難しいですね。

――なんとかして見つけて欲しいですね。そうでないと、日本の侵略主義が結局近代化を外から植え付けたという結論になってしまいます。

水田：そう、そうなっちゃう。とくに、漢字とハングルでしょう。こちらが踏み込んでいけないということもあるんですが、伊藤博文について書かれたものを見ていると、伊藤が近代化を問いかけると韓国の李朝の王様は儒教に聞くという。そうすると伊藤は怒るんです。どっかの田舎に住んでいる老人に聞いて何がわかると。それで俺の見てきた西欧はということを持ち出すんです。西欧文明の導入のなかで無視されがちな論理学の翻訳が出てくる。明治で言うと初頭の近代化の時に、ジェヴォンズ*の書いた『論理学』に日本は飛びついた。中国でも厳復がジェヴォンズとミルの『論理学』を翻訳する。でもその時に韓国がどうしていたか、わからない。事実をどんどん詰めていくとどうなるかという考え方、論理というものが出てくる。気が高まると理に通じるとか、そういうことではいかなくなる。そこのところは丸山さんもよく知っている。日本の儒教の内部の近代化がどこまで進み、どこで止まったかを丸山さんはつきとめたが、韓国儒教には丸山さんはいなかったのか。伊藤が韓国近代化の推進者として偉くなっちゃうということだと自民党の近代化論で困るなあ。

水田：瀧井一博*君の『伊藤博文』（中公新書）を読むと、伊藤はいろんなところを見てきている。韓国統監として講演して、周の理想は近代ヨーロッパで完成されているという。明治人は意外に開けている。彼の盟友井上馨は尊皇攘夷より経済力を重視した商社の方へ行く。伊藤はたまたま天津に来ていて、戊戌政変のとき、中国の改革派のなかで梁啓超（一八七三〜一九二九）の亡命を助けるということをやった。天津にたまたまいた伊藤は軍艦で梁啓超*を助け、梁啓超は日本に亡命して日本に来た近代思想を日本語から中国語に訳したという。随分いいかげんな翻訳だったらしい。ぼくがなぜそういうことへ行きあたったかというと、『国富論』の中国語訳をやっていた厳復という人の若い同志がいて、それが梁啓超なんだ。いま中国では啓蒙の代表は厳復であるということになっているが、朝鮮には彼にあたる人物がいないということだ。

——清の末期ですね

水田：そう、一九〇一、二年ころです。そういうふうに中国のことを勉強して思ったのは、中国の本を読まなきゃいけませんがあの漢字は読めません。むしろ、台湾の漢字ならある程度のところまでなら読める。で、このまえ本を送った浙江大学ですね。そこではスコットランド啓蒙学派の研究をやっているんです。そこでそういう研究をやって今の中国とどういうことになるのかな。わからないんですね。そこの副学長が日本に留学した人なんで、アダム・スミスを研究するセンターを作ったらしい。そこの人たちといったいどこまで話し合えるんだろうと思いますね。旧制高校寮歌の「語り明かそう今宵こそ」なんてのが中国人に通用するのかなあ。

——中国にはヨーロッパ近代思想の紹介は進んでいるのですか。

水田：かなりあります。梁啓超がどんどん翻訳して送ったというのは上海あたりのインテリに通用した。彼らのほうから留学に来ていましたから、戦争中東大にぼくよりちょっと年上の中国人留学生がいました。朱紹文といって大河内一男さんのところで勉強していた。ジャワでは、大公領っていうイスラムの小君主の国が二つある。ジョグジャカルタとスラカルタってね。戦時中にそのスラカルタの若い貴族がジャカルタに来たので付き合っていたんだが、彼はオランダに留学して、オランダでロシアのミール（農民共産体）の研究をしてきた。太平洋戦争中なんだけど、これがジャワに使えるかどうかが問題だと言っていた。オランダでは当然ロシア革命を研究してきている。東アジアの近代化という問題は大変ですね。中国にも一八世紀啓蒙学会ができた。啓蒙思想の国際会議で中国の若い研究者が「われわれはルネサンスと宗教改革を同時にやらなければならない」と言っていたが、しかし、なかなか続かないんですね。

韓国のほうが外国研究に向いているんだが、みんなアメリカ留学だから話がなかなか通じない。思想の問題の国際交流はどういうふうに動いているのかよくわかんないですね。

内田義彦をめぐって

——『近代人の形成』への書評の中に内田義彦さんのものがあって、「近代的野蛮人の生誕*」と書くべきだというのがありましたが、覚えておられますか。

水田：そういうようなものが、あったなあ。

——お聞きしたいのはこういうことです。内田さんはそういうことを言われたのですが、『社会認識の歩み』（岩波新書）を見ると、内田さん自身もマキャベリからホッブズを経てルソーとスミスへ行く、そのプロセスはまさに「近代人の形成」じゃないかと私は思いますが。いかがですか。

水田：それはそうです。あれは、『歩み』を見て、なんだぼくの言ってることをもう一回やってるじゃないかと思いました。最近では東大でイギリス史をやっていて、昨年定年でやめた近藤和彦氏[*]が『イギリス史10講』（岩波新書）で「内田義彦も水田洋も異口同音に」としてホッブズとこの本を紹介しています。

論理と歴史の関係づけについて

――『近代人の形成』の最終章に「社会思想史について」という箇所があります。ここで、水田さんは個別科学と社会思想史の関係を歴史の問題として扱うというのです。一般化すると、歴史と論理の関係づけ問題だといってよかろうと思います。水田さんは、この章で、論理と歴史の関係を考えようとして、内田さんの『生誕』が『経済学批判序説』の上向下向と表象の問題を扱った点を二度引用しています。内田さんによると、表象はイデオロギッシュな社会的実践の場面で作られるもので、研究者はこの場面でどういう表象を頭の中に思い浮かべるかを選択しなくてはならない。ここが歴史の領域に属する問題です。そして、表象をいったん決めたら、論理的に下向し、複雑なカテゴリーをより単純なカテゴリーへ分解する。そのあと表象を論理的に頭の中で再生産する。こちらは、論理的な抽象と総合の領域です。

歴史と論理の問題をマルクスは一応こういうふうに掴んだということをめぐる内田さんの解読を水田さんが引用なさっているのですが、社会思想史と個別科学の問題あるいは関連づけという大きな問題が、果たしてこの内田さんの解明によって、十分解決されたのかどうか、そこをどうやらさらに考えようとなさっていたようなのです。けれども、ぼくにはその先に何があるのか、よくわかりません。どういうことをお考えでしたか。

水田：うーん、よく読み直さなきゃ、わからんな。内田が想定している表象がぼくにはないということかな。丸山さんの場合は、はっきりしているからいいんです。丸山さんとぼくの距離があるから問題はない。ところが内田さんの場合は、近いので、いろいろとつっかけてくるの。内田さんはね。だから始末が悪い。彼もまた、それを期待してつっかけてくるところがあってね。そんなこと言われてもこっちも困っちゃうんだよね。それが小林―内田だとそういうことはないんですよ。

――去年、京都で「内田義彦を読む会」をやりまして、六週間に分けて市民と『社会認識の歩み』を読んだのです。そこに「マキャヴェリ→スミスという、マルクスの思考とは異なり、結論に関する限りでは完全に相反する思想家群だけを扱った」（一八四頁）ことについて説明を要するとして、内田さんは説明しております。第二部の最後の箇所で、私が見落としていたことがひとつあります。内田さんはなぜ近代思想をマルクスの前に並べたか。それは「個体の確立」にたいして「マルクス主義の側で拒絶反応を呈する」（一八七頁）からだと言っている。これはそのとおりです。しかし、スミスまでの近代思想で出てきた個体とマルクスの構想した個体が同一のものであるという誤解をこのままでは受ける恐れがあります。近代思想とマルクス主義の間の個体概念のつなぎ目には、断絶とともに連続があるのですが、内田さんはそこの継ぎ目のところを大いに意識しているのですが、結局書いていない。これは大きな宿題、うまくできるとは思えませんけど、私たちの世代がとりくまねばならない課題であると思います。

水田：『経済学の生誕』（一九五三）はショッキングでした。あれが一一月に出たとき、ぼくは翌年六月にでる『近代人の形成』（一九五四）で手いっぱいでしたし、そのまもなくグラーズゴーに留学するので、『生誕』への対応はなかったと思います。ショックを処理する時間的余裕がなかっただけではなく、あったとしても研究者としてそれを受け取る姿勢ができていなかったということです。内田自身もどこかで水田の書評からは教えられるものがなかったと書いています。ぼくにとって最大のショックは『生誕』がヒュームとスミスを対比するときの論拠が、スミスの『法学講義』であり、それは自分が下訳を残して学窓を出たものであったということでした。捕虜から帰ると既に出版の準備ができていて、翌年（一九四七）出版されてこうして利用されるということは、もちろん大変ありがたいことではあるが、頭越しの幸福だというわけです。本人はまだ自分でそれを使うほど成長していなかったのです。

『社会認識の歩み』については、なんだぼくのを使いやがってと思ったんだ。それから、小林昇はね、「君使われちゃったね」と言ってきた。（内田さんは）やっぱりうまいですよね。だから、逆に思った。これは俺にはできないなって。そう思いますね。スミスのノミナリズムについて書いていたとき、言語起源論でのスミスとルソーの関係がこの本について気になったままです。

——市民と一緒に『歩み』を読んだとき感じたのですが、教養のある市民はマルクス主義は三つの源泉から成立するというのが強固に頭にあります。ドイツ古典哲学、空想的社会主義、イギリス古典派経済学を混ぜてできたのだという観念です。するとそういう頭には、スミスは別としても、マキャベリからホッブズとルソーへという道筋は入って来ないんです。私は内田さんはそこを狙っていると思ったんです。つまり大きなヨーロッパ近代思想のビッグネームの稜線を歩いていくことで、マルクスを位置づけることが大事なんだという主張です。レーニン的な線はそれはそれとしてあるのですが、もう一本別の稜線からマルクスに登っていくこともできるんだ、いまはこっちが重要だという理解ですね。

水田：三つの源泉と三二年テーゼは再検討が必要です。レーニン versus エンゲルス。レーニンはルクセンブルクの『ユニウスのパンフレット』*の題名の意味が全く理解できなかったが、これは一八世紀イギリスの有名な匿名時評で、ルクセンブルクはイギリス史に通じていました。レーニンの三つの源泉にはウェーバーの資本主義の精神はありませんが、エンゲルスはプロテスタント商人について、『発展』の序文で「カルヴァンの信条は、彼の時代のブルジョワジーのうちで最も大胆なものに適した信条であった」と書いています。レーニンのフランス革命の社会主義は、フランス革命の後のとすればエンゲルスと一致しますが、レーニンの意図とは一致しないでしょう。イギリスの古典経済学というのはスミスから始めるかリカードからにするかでずれてきますし、この場合は源泉よりも彼ら自身が主役なのです。

――それから、課題としてですが、一九世紀後半から二〇世紀を通り越したので、『歩み』の後の時間が大分経ちました。すると、社会認識の歩みがさらに続いているならば、それはいかなる曲折を経たのかということが大問題になってまいります。

一九世紀後半の社会思想史について

水田：だからね、さっきスペンサーの話が出ましたが、ぼくはそこは弱いんです。それでミル*がいるんです。で、さあ、そこで、ミルの『論理学』とか『自由論』の解釈ですが、ミルのように「他人に迷惑をかけない限りなんでもやれる」とか言ったら自由の概念が縮こまっちゃうんじゃないかと思うんで、ちょっと話が違うと思っている。ミルは自由の範囲を自ら囲い込み縮小しています。ともかく、日本のミル研究は非常におとなしいんです。日本のミル研究はそこまで行ってない。ぼくはミルを訳しているんですけども、改訳をしたいですね。

――ひとつのエピソードですが、スペンサーは、学校に行かないで、比較的裕福な家庭に育ち、家庭教師のもとで勉強をしています。そして物書きになって、筆一本で生きていくようになります。しかし、経済的な安定と自由な時間の両方が欲しくて、ミルに東インド会社の職員のポストを斡旋して欲しいと書いている手紙があります。空いた時間で研究をしたいのです。この話はうまくいかずに終わりますが、ちょっと面白いのは、晩年のボーア戦争のときに、本格的な帝国主義の問題が出てくるのです。彼には帝国主義論という理論枠組みはないだろうと思われますが、ボーア戦争が戦費の必要から税金を上げることになると批判して、帝国主義とは奴隷制への逆行であると厳しく批判します。二〇世紀型の帝国主義にたいして可処分所得を増やしたいというブルジョア個人主義の立場から反対する。しかし、一九世紀中盤の自由貿易帝国主義には反対していない。植民地主義に一貫して反対というのではない。そこにスペンサーの立場がよく現れているように思います。

水田：ミルは我が家では女性論で、解放論にたつ。水田珠枝さんなんかは、ミルよりもハリエット・テイラー*の書いたもののほうが立派でいいみたいだな。ハリエットの夫のテイラー氏はビジネスマンだったが梅毒患者だった。売春取締りは女性のプライバシーに関わるから、イギリス社会にとっては大変なことだったみたいなんです。

――一九世紀後半は男性労働者の政治的権利の拡大が実現されるとともに、女性の普通選挙への主張が出てきて、全世界へ広がる、実にダイナミックな時代ですね。階級と性という根本問題が出そろう時代であると言えます。

E・ホブズボームの『ハウツー・チェインジ・ザ・ワールド』

――現在の水田さん取り組まれているのはホブズボームだそうですが、本のタイトルは何ですか。

水田：邦訳タイトルがどうなるかわかりませんがね。原題は『How to change the world : Tales of Marx and Marxism』だったかな。

――それは楽しみですね。

水田：翻訳は全部出来上がっているんです。ぼくと伊藤誠君の前半と若い人の後半。内容的に面白いのは、ホブズボームがマルクス主義者としてマルクスについて、どういうことを考えてきたかということです。彼をひとつの見本として見ると面白い。マルクスの後のマルクス主義者として、彼はグラムシしか上げていない。彼はあれだけドイツ語ができるんだからね、もうすこしオーストリアを研究しといてもらいたかったですね。オーストロ・マルクシズム*はやっぱり違いますよ。彼にはウィーンは身近すぎたのか、ベルリンのほうを強調していますね。母がウィーン生まれで、彼自身も名誉市民になりました。しかし一番真面目にマルクシズムを研究したのはウィーンの社会民主党とウィーン大学の社会科学研究会とでもいうべきグループでしょうね。あそこでは、ハンス・ケルゼン*なんていう純粋法学の人がマルクス主義者と教壇で論争しているんです。マックス・アードラーがマルクス主義者の代表かな。それで、アードラーはこう言っているがなんて、攻撃している。そういうのを公然とやりあえるのはあそこしかなかったのです。それで、限界革命のカール・メンガー*とか、弟のアントン・メンガー*とか、つねに交流があって、ハイエクなんか、そういう空気を吸って来ているんですよ。フロイトもそう。フロイトは自分のアパートに社民党のヴィクトル・アードラーが住んでいることが自慢だった。ドクター・アードラーってね。おそらく世界で最初の労働者の集合住宅をつくったのはあそこです。カール・マルクス・ホーフっていうんですよ。今でも観光バスが案内してくれる。アールデコばかりじゃない、そういうところも案内してくれる。あそこは面白い場所だと思う。

ホブズボームのリヒトハイム評価

水田：ホブズボームは、グラムシについてもそうなんだけど、マルクス主義の中身についてはジョージ・リヒトハイムを見よと書いている。この人がまた、変わり者で、ドイツの大学をフルに終わってから、イギリスに亡命してきたんです。だからドイツの左翼の強い時代に教育を受けてきて、それでいくつかのマルクス主義の解説を書いて、それで最後「もう終わった」と言って自殺した。リヒトハイムと並んで、独立のマルクスびいきとしては、ドイツ系フランス人としてグレテュイゼンというコミュニストがいて、リヒトハイムと同じように仕事をし遂げて自殺したと戦後間もなく伝えられました。ボルケナウが彼の著書を先行的研究としてあげているのでその存在を知った時代です。ところが自殺は誤報で、肺がんで亡くなった（一九四六）ことがわかりました。それでリヒトハイムと並べるとすれば無党派コミュニスト知識人として、ということになります。彼はディルタイの弟子で、ベルリン大学の教授、ディルタイ全集の編集者でしたが、ヒトラー政権のユダヤ人迫害に抗議して辞任し、パリに渡って主としてガリマール書店の出版事業にかかわったとされます。一九四〇～一九四五年はドイツ軍占領下です。この時期のパリでの左翼の出版についてアンリ・ルフェーブル（一九〇一～一九九一）が、グレテュイゼンの援助を得たと回顧したのを聞いた覚えがあって、それは一九六〇年代に来日したルフェーブル夫妻を志摩観光ホテルで接待したころだったかもしれないが、記録はありません。一九六〇年代というのも、彼のクセジュの『マルクス主義』を竹内良知が訳した一九五二年よりかなり後というくらいです。その頃、パリで出版について占領軍との間にトラブルがありそうなのは一九三九年の『ニーチェ』か『弁証法的唯物論』でしょう。グレテュイゼンとルフェーブルは、ホブズボームと直接に関係はないのですが、一貫したマルクス主義者の例として関心がありました。『フランス知識人事典』によれば、ルフェーブルはヘーゲルから初期マルクスへ疎外論を追求した先駆者のひとりであり、一九六八年五月運動の思想的源泉であったとされています。

――ホブズボームはリヒトハイムを評価していたんですね。

水田：ええ。だからエリック（ホブズボーム）はね、自分は歴史家であって思想史家とはいっていない。ぼくは彼を日本学士院の客員に推薦するときは、社会思想史専攻としました。これは社会思想史研究で学士院客員会員に選ばれたぼくの評価だからしようがない。

――ホブズボームが日本に紹介される頃『市民革命と産業革命』を訳されました。それをめぐって、なにかエピソードがありますか。

水田：史学雑誌に書評が出たそうだが、見ていない。

――彼の本を訳すことで狙ったのはどういうことでしたか。

水田：こちらブルジョア革命で、共産党さんとは違うんだよということがあったんじゃないかな。

――一般的に、市民革命論は日本で研究の蓄積がありますが、産業革命論はやや技術的な側面に偏っていたのではないですか。ホブズボームのように両者の連続性ないし並立性を全体として考える視点は弱かったんではないですか。

水田：そう。ホブズボームの『市民革命と産業革命』の翻訳だけに関してではなかったかもしれませんが、思い出したことがあります。ホッブズ研究も含めて、ぼくだけでなく我々は、歴史を全体として捉えて、基礎過程から上部構造へという展開にこだわりません。どこかで新しいものが発見されたら、そこから出発すればいいじゃないかというわけです。ところがマルクス主義の歴史家たちは観念が先に近代化しては困る。観念から下部構造が見えてくるというのは研究の逆立ちだというのです。

産業革命については法政の倉橋さんなんか、真面目な人ですが、それだから下部構造主導でないと困るという。物分りの悪い人で、あれは困った。経済史の人にはホブズボームは産業革命論（労働者の貧困化）の立役者なんです。ところが、それが市民革命論で出てくるので、彼らは困っちゃった。おまけにイギリスではクリストファー・ヒルが一六四〇年からはじめているのに、ぼくはホッブズには生活資料の生産という観念がないという。事実と観念は対応しながらずれる。

――そうすると、ホブズボームのさまざまな業績は日本の学会で十分受け止めきれていないのではないですか。

水田：日本の学問のタテ割りがいけないのです。歴史家は思想史は歴史ではないと思っています。あの翻訳は、訳者の女性研究者の仕事を世に出して、ショックを与えた。そういうことがあって彼女は学術会議の最初の女性会員になった。その線で仕事ができるようになった。彼女は、私は水田先生の弟子じゃなくて珠枝先生の弟子だと言ってますが。

――総じて、ホブズボームはスケールが大きいし、普通のマルクス主義者がちょっと思いつかないような、匪賊の研究とかありますね。狭い意味の階級闘争史観と違って、その闘争史観の裏側に多様な裏道や横道が隠されていて、自然発生的なものとされて切り捨てられる闘争形態が前史として非常に重視されていて広がりがありますね。

水田：学士院の客員というのは、それまでは、日本研究者としての業績によったんです。キーンとかドーアとか。それでぼくの時に評価の仕方を変えて、エリックのものは全部邦訳されているということを言って日本研究ではなく日本での受容を強調したら、すうっと通っちゃった。それから学士院の方針は日本での評価に転換したんです。

――大きな転換ですね。それでホブズボームは来日したのですか。

水田：そのまえに一度ぼくがよびましたが、すぐ来ることになって、招待が決まった時に、すでに病気だった。その時はすぐ来られたかもしれない、でもだんだん重くなって、学士院にはついに来ずじまいでした。

――それにしてももったいなかったですね。来ていたら、より一層インパクトがあったに違いないですね。

水田：最後は生活が車椅子の範囲に限られたと言ってきた。そして間もなく死にました。

――ホブズボームは、二〇〇五年頃のことですが、サーボーン（Goran Therborn）なんかと一緒にヨーロッパ左翼の再建運動をやっていました。ヨーロッパのみならず世界を見て活動することのできるスケールの大きい人でしたね。

水田：一度パリからロンドン行きの飛行機に乗ろうとしたら、「ヒロシ！」と呼ぶ奴がいる。ホブズボームが乗ってた。コレージュ・ド・フランスの講義の帰りだと言っていた。

第3章 マルクスの社会思想史的位置

マルクスにおける個人概念をめぐって

――水田さんは、個別の思想家論をやってこられただけでなくホッブズ、スミスから社会主義思想史までカバーしていらっしゃいます。マルクスについてお話いただけますか。

水田：ぼくの『マルクス主義入門』はカッパ・ブックスで四五、〇〇〇、現代教養文庫で四〇、〇〇〇出ましたからマルクス像をずいぶん普及させたことになります。ほかに編著として『マルクス主義思想史』（講座マルクス主義3　一九七〇）があります。しかしこれはすべて思想のひとつの流れの創始者として書かれたので、人物自体より後へのつながりが考慮されるということもあったでしょう。ついでに、今気づいたのですが、『マルクス主義思想史』の終わり近くに　三　主体の問題［草案］という二ページがあります。もう一つ脱線すれば、カッパ・ブックスの書評で驚いたのは、創始者からの継承がそれまで知られていなかったこと、ぼくが無視したのに毛沢東への評価がきわめて高かったことでした。

水田：個別の伝記は書評やマルクスの周辺ぐらいで、ホッブズの伝記さえ書いていません。個人伝記については、香川大学のラスキン研究家木村正身君に、伝記は思想史ではないと繰り返し言い続けながら自分は事実上伝記を書いてしまったと、誰かに言われました。個人思想家の研究にあたっては隣近所に誰がいるかを見ろというのは、前にも言った図書館の電子情報より大冊子体目録のほうがいいということです。「コンテクスチュアル」ということでもあります。マルクスはもちろんマルクス主義の創始者ですが、マルクス主義とは何かについてさえまとまった意見がなく、思想に個人の名前をつけることには単に便宜以上の意味がありません。ぼくが見ているマルクスは第一に史的唯物論あるいは唯物史観の創始者、社会思想史のパイオニアです。焦点を絞って第二に、彼は社会思想史の複雑な実例です。合理主義者であるとともにロマン主義者として。ぼくの社会思想大史と称する原稿は、バイロンがイギリス上院で機械破壊擁護演説をするところで中絶していますが、マルクスが入れば近代につながるかどうか。そう思っているところに、最高のマルクシスト・ヒストリアンと呼ばれたホブズボームが『世界をどのように変えるのか　マルクスとマルクス主義の物語』（二〇一二）という最後の本（正確には論文集）を書きました。彼はその年になくなったので、彼の意見を聞くことはできないのですが。彼の遺著には、マルクスとエンゲルスがそれぞれの時点でどう考えたかについての、彼の推測があるので期待しています。ただし、マルクスとエンゲルスの思想についてはしきりにリヒトハイムの著書に依拠していることを、言っておきましょう。自分は歴史家だからという遠慮からでしょうがあちらの歴史は日本とちがって思想史を十分含んでいるのですが。

――そうですか、それは楽しみです。ところで水田さんは『季刊社会思想』の一九七〇年の創刊号の「個人とコンミューン」というエッセイでマルクスの個人論に関して書いておられます。そこで、マルクスの個人論は、一方で市民社会的なもの、他方でロマン主義的なものを総合していると書いています。すると、そういう、マルクスの個人論を御自分は考え方として引き継ぎたいとおっしゃるのでしょうか。

水田：そう。要するに、これがマルクスなんだということです。全部マルクスの中にあるんだと言いたいんです。でもマルクスはそのことをちゃんと書いていない。いま、ホブズボームを訳してるんだが、最後までマルクス主義者であった彼が、マルクスを内在的にどこまで読んでいたか。マルクス自身はどうだったか、という問題も出てくる。マルクスというのはどういう人かということについてかなり考え方を変えてもいいんじゃないかな。ある点までは日本共産党もコミンテルンと一緒になってマルクス像をこしらえてきた。それはかなりの程度壊さなきゃいけないんじゃないかな。いま、ずっと書いてきた社会思想史がロマン主義のところで止まっているんです。いくつかの、それぞれの国のことを書いてきているんだけど、どこの国にロマン主義の基本点があるか。マルクスをそこで書けるんじゃないかと思って止まっているんです。マルクスをなんとかロマン主義の中にはめ込んで書けるんじゃないか。すると、ロマン主義の方も変わるでしょう。そうなると次が書けるってところまで行って、止まっているんです。できるかどうか知りませんけど。そうするとミルをマルクスから照らすこともできる。

日本社会科学のテーマをみつけるために

――日本の社会科学者が何をやり残しているか、どこかにコマンダー（司令官）がいてそこのところを指示してくれるわけじゃないんで、自分で見つけて、やっていかないといけないんです。そういうのを、ここは空白になっているとか、そういう話を学会でもっとやっていくべきじゃないでしょうか。私たちはお互いの近況を聴いたり、仕事について論評しあったりしますが、そのときに、手つかずの重要問題があるというようなことをお互いにたえず探していくような空気をつくらないといけない。どうかするとそういうことがおろそかになってしまう。ものが見えてないんでしょうかね。

水田：そう、見えてない。いや、もうすこしワーワーやってれば出てくるんだろうけど。なんだろうな、インテリの付き合いっていうものが何か新しいものを生み出すってことはありうるんだがな。東大とか京大とか、ボス教授がいれば、そういう話はいくらでもできるはずなんだけどね。

――仮に、社会科学者の広場のような雑誌があって、雑談のようなかたちで、いろいろな思い出話を掲載して、重要な未着手の問題があるんじゃないか、というようなことを自由に語りあってみたら、さまざまなテーマが浮上してくるんじゃないかと、そういう便利な交差点のようなものが欲しいと私は思います。

水田：だから、『思想の科学』みたいなものでもいいんだけど。あれよりもうすこし専門的になってくれないと困るけどね。

――北欧のユニオンを調べたことがありますが、ノルウェイの労働組合の一覧表を見つけました。ユニオンの中に、社会科学者ユニオンというのがありました。これは、ジャーナリスト会議のように一種の専門職としての同業組合のようなものではないかと思います。詳しいことはわかりませんが、労働条件やなんかのこととというよりも、いま国民のために社会科学者はどういう仕事をしていかなくてはならないか、ということを論じる場なのではないかと思ったことがあります。

水田：東ドイツには科学組合というのがありました。バナールたちの世界科学者会議の系統です。全体としての科学者の組織化ということですね。なんとなく自然に人が集まってきてということはあっても、オルグするということまではしない。勝手にやらせている。オルグするというのは、これまた大変な仕事なんでね。

――科学者の組織化というのは、学閥とか所属の組織ごとに利益共同体を保持するという悪習を退けて進まねばなりませんし、それがもしできたとしても医師会のように一種の圧力団体になってしまうならば、かえってマイナスさえあると思います。同業者が閉じた組織化をやっていくということは、本当は不要なのです。専門家集団がどういうふうに組織化されていくにせよ、専門家が一般市民とどういうふうに接点を持って自己を組織化するかが大切です。小さいサークル、読書会、講演会、公開講座その他さまざまなかたちで市民と接点をもつことを大事にして、こういう波をいくつも立ち上げることによって初めて科学者の組織化が民主化と手を携えて進むものではないでしょうか。

第4章

『新稿　社会思想小史』をめぐって

――『新稿　社会思想小史』（二〇〇六）は、旧版（一九五六）や新版増補（一九九八）と比べて相当変化しており、事実上書き下ろしの著作と言ってもよいものです。個人で書かれた通史は依然として少ないので、今日もその通史的な展望から現代の可能性をどこに見ているか、非常に注目すべき成果ではないかと思います。そこで、ここから論点を拾っていくつかお話を伺いたいと思います。簡単に言うと、初版がロシア革命あたりで終わっていたのに対して、その後の歴史的時間の堆積に応じて、資本主義の発展ないし成熟にかんする記述を広げ、「帝国主義と世紀末」「戦間期の思想」「戦後思想の諸潮流」という新しい見出しを付け足しておられます。この点は後に回して、ともかく、初版から一貫しているのは、通史を書かねばならないという意思です。それはどういう心境ですか。

通史を書くことは研究上の自然な帰結

水田：通史というのは、学問を一つの全体として掴んでおかなければ、そのなかで何を言ったとしても虚しいという考えです。経済学部で言えば、経済学のあらゆる要素は経済学史のなかにある。学問の全体をおさえなければならない。大学の編成上伝統的にそうです。だから歴史をやらなきゃならない。それは当たり前のことです。伝統的にそういうことがあると思います。

——ただし、そういう伝統的な学問論をふまえて、個々の個別科学史ではなくて、社会思想史というかたちをとっているのは、どういうわけでしょうか。

水田：逆に言うと、学史という概念は学説の継承ですから事柄がはっきりしている。ところが思想の継承とは何かと言うと、これは鵺みたいなものになってしまう、非常にわかりにくい。だからやらなきゃいけないということがあると思います。そういう感じがあります。

——単独の研究者としては、マキャヴェッリ、ホッブズ、スミスだけでも十分なほどのボリュームがあり、それで十分といってもよいです。それらを近代の通史としてまとめるだけで大変な作業です。しかし、近代の通史を、さらに前後に拡張して、古代から現代の間に挟み込んでしまう。どうして部分史だけで満足できない理由は何ですか。

水田：やはり、どうせ繋がりはあるわけですから、ここは見えているがここは見えてないということが、ある程度やっていくとわかってきます。拡大は、あるところまでは、自然の欲求みたいなものです。

——近代人の成立ということを追いかける、それがわかってくると、近代人とは異なる中世人、古代人というものとの対比で近代人をいっそう際立たせたいと思うようになる。そういうふうに、部分史の根源まで掘り進むと、その前後への欲求がおのずと出てこざるをえない、ということですか。

水田：そうです。どこで近代人が出てきて、跳ね返されるかということが当然あるのです。逆に跳ね返されて死んじゃうことだってある。しかし近代と近代人がすべてである。

——そうすると学問が深くなると、皆通史を書かなくちゃならない。通史を書く事は研究者の究極の使命なのであって、研究進化上の法則だということになりますね。

水田：そうです。

——初版（一九五六）を書かれたとき、周囲の受け止めはどのようなものでしたか。

水田：一九五六年というとぼくが留学から帰った時です。だから、そのときまではたとえば住谷悦治さんなんかの古い社会主義思想史がありました。他方、一九五三年に内田義彦の『経済学の生誕』がでてきます。あれはスミス研究自体のバックグラウンドまで行ったから、これはありがたいという人とやりにくいという人と、二通りの反応が出てきました。たとえば、白杉庄一郎さんのようなマルクス主義者は、スミスに関して労働価値論をちゃんと書いてないじゃないかというのがある一方で、それでもわかるじゃないかということで、確かに新鮮だったということは言われました。

水田：小史新稿版は、ちょっと教科書としては使えないと自分でも思っていました。詳しく書きすぎたということがあります。人によってはこれは唯物史観の講義だという評価もあるほどです。

——個々の章についてもいろいろ伺いたいことはありますが、私は全体として痛快な御本であると思いました。たとえば、ウェーバーの『古代ユダヤ教』などは名著の誉れが高い本ですが、重厚に書かれすぎていて、一言でユダヤ教からキリスト教への筋道がどういうことだったかをこれで考えようとしてもかなり難しいです。ところが、小史では、わずか四ページほどでその展開をずばり書いています。クリスチャンに読んで欲しいと思います。

水田：そう、それはぼくも思ってますね。こういうことなのに何をあなたたちはやってるんだよという感じがする。

社会主義の扱い方を変えた

――新版増補は一九九八年、新稿は二〇〇六年ですが、両者を比べると社会主義の扱いが変わりましたね。一九九八年版ではまだ社会主義の記述はそれなりに大きいですが、二〇〇六年版は冷戦崩壊を受けていろいろお考えになった結果が見られます。新稿は、近代社会主義形成史でおおよそ一八四八年までで抑え、そのあとは帝国主義、ファシズム、そしてそれに対する抵抗思想の比重が大きくなって、玉石混淆のまま戦後思想へ流れ込むと読めます。

水田：なるほど、そうだったかな。社会主義について補足すると、ぼくはホブズボームに社会主義の成り立ちと崩壊について聞いたことがある。彼は長らくソ連支持者だったんです。で崩壊の理由は、軍備拡張だというんです。軍備競争に敗退したからソ連は解体したという。それでこれは話がしにくいなと思ったことがあります。そこでやめました。しかしエリック（ホブズボーム）は英語版のマル・エン全集の編集者だったんですが、そのなかでマルクスが「スラブの野蛮」と言っているところを削ってくれとソ連が言ってくるんだと教えてくれた。ソ連支持者である彼に対してさえも思想統制している。

――新稿版の社会主義の扱いは、したがって、限定されており、制度としての社会主義については期待をせず、むしろ底流に流れている社会思想の大河にこそ可能性があるんだという締めくくり方です。現在の地点で通史を書くとき、このバランス感覚はおおいに共感を呼ぶのではないかと思います。

思想史を締めくくるのはマルクス

水田：同時に思想史を全体として掴める立場はマルクスだというニュアンスで書いています。

――それは、古代から通史で見た場合に、マルクスが占める思想の大きさが、過去に向かっても、未来に向かってもきわめて大きなものだという意味でしょうか。

水田：そうです。

一八七〇年代の思想について

――そこで、新版でボリュームを増した二〇世紀思想の箇所についていろいろ伺います。一八七〇年代のところで、「主観主義へ」という箇所があります。主観主義は三つあって、絵画における印象派、哲学の新カント派、経済学の限界効用学派です。それぞれ別のジャンルであるものですが共通に「主観主義」を出していると読んで、「新しい主体性要求」と特徴づけている。大きくくると啓蒙的理性の解体過程なんだという具合に歴史的に位置づけます。理性を信じたいが信じきれない、そういう動きは一八七〇年頃から出てくるんですね。

水田：三つにアナキズムをひっかけて考えています。個人の成熟と言ったが、やっぱり、一八世紀と違っている。いま成熟というのは、個人個人として成熟してくということです。そういうことと関連付けて、一八七〇年代の主観主義を考えているんだが、まだ考えてみたっていうことだけでしょうね。

――「主観主義」の箇所の記述によれば、カントの『純粋理性批判』と比較すると、カントの場合は人類に共通する「意識一般」を求めたのにたいして、一八七〇年代の主観主義は個人間の差異を求めるものへ変化している。しかし、だからといって、一〇〇年後のポストモダンの差異というところまではまだ行ってない。

水田：非常に危ないけど内容が豊かだと言いたいわけです。

――印象派、新カント派、限界効用学派から、力強い未来展望が出てくるのかというと、それは出てこない。彼らは、何か言いたいのだけれども、まだ不安定である。この不安定さは、好むと好まざるとに関わらず現代思想の直接の先行者なので、私たちの内部に同様の個人間の差異の押し出しや抽象的な理性への懐疑がいつのまにか伝わっている。これを全然抜きにして、啓蒙主義とマルクス主義だけでやっていけるか、それはそれで難しいかもしれない、そういうきわどい問題を孕んだ思想が一八七〇年代の思想にあるように思われます。

水田：そこまで降りてこなきゃダメだぞというところがあります。

――つくづく難しい時代に生きているんですね。この主観主義をうけて、「帝国主義と世紀末」「戦間期」へ記述が移っていきます。このあたりの執筆者の心境はどういうものでしょうか。

水田：今聴いていて思うんだが、『社会思想史概論』（岩波書店、一九六八）第三部と関係があります。第一部人間の解放、第二部民族の解放、第三部階級の解放という高島善哉さんの構成があって、平田清明の原稿を全部書きなおして第三部にするつもりだったんだが、かなり原稿のままで残ってしまったんです。それをなんとか書き改めないといけないと思っていました。

――水田さんは一九一九年生まれでいらっしゃる。小史の初版はちょうど生まれた頃で終わっている。しかし、自分が育ってこられた先生の同時代を社会思想史としてつかまねば、自己了解は完成しない。そこをやるんだということが新稿に当然おありだったのではないですか。

水田：それはありますね。なんとなく育ってきちゃったんだが、それはどういうことだったのかということです。そう言っても、一九一九年よりも前の方の歴史こそが歴史の大道であって、われわれのほうは脇道だったという感じも他方ではあるのです。脇道だったけど、誰も脇道だと言ってくれないから、自分で調べなきゃあいけないということもあります。

そういうときに、時代の小説を読むとわかります。第一次大戦の時のハンス・カロッサ*の小説なんかがそれです。第一次大戦を知りたいのか、よく流行りました。それからトーマス・マンとヘルマン・ヘッセですね。フランス革命についてのロマン・ロランですね。翻訳文学は多かったです。

――作家には作家の個性がありますが、いま名前が上がった人々以外に、アンドレ・ジッドが次に何をやり始めるかということが、ヒトラーやスターリンがなにをやるか以上に、重要な関心事になる、水田さんの場合はそういうことがありそうですね。

水田：とくにジッドの場合、人民戦線ができて、彼の場合、議長になりました。最後までソ連を支持していた。ジッド『狭き門』に感激しました。あそこにカソリックの規律があります。この規律を私は共産党の規律にあたるものと思い、共産党に入るかもしれないところまで行きました。しかしもちろんその頃もう共産党はなかった。

――そうすると、一八世紀に啓蒙理性があり、一八七〇年代に主観主義が登場し、二つの大戦の間で、はっきりしないような多様な思想が現れて、啓蒙理性へ帰るわけにはいかないし、ポスト・モダンのように理性を解体するわけでもない。しかし多様なものをヒューマニズムの線でなんとか結びつけて戦争に対抗し、必死で踏ん張っている。ジッドのような存在もあるので注目できる。そういう時代の主観、精神があった。あったんだが、それを一つの風呂敷でくくることができないまま、思想史上の展開としては非常に中途半端な形で、ともかく力づくで戦争は終わってしまう。思想史から見るとこのパンドラの箱を開けたままの状態の混沌の中に捨てがたいものがあるということでしょうか。

水田：そうでしょうね。それで、ジッドの翻訳は出ていたし、『コンゴ紀行』も早く岩波文庫で出ていました。やっぱり帝国主義に触れているんです。全体としてなんだか決まりがつかないけれどもいろいろなものがあって、そのなかでいろいろのものを読んでしまった。それでどうしようかということを考えていました。

——一九五六年版ですと、記述範囲は第一次大戦で終わっています。大戦間やジッドは出てこないです。一九九八年版や新稿ではそこを書いていますいます。この間四〇年あまりの時間が過ぎています。日本は、復興から高度成長を経て、バブルが崩壊した。水田さんが書いた世界規模の戦間期の思想史を大きな地図とすれば日本の戦後思想の展開はより局地的な小さい地図にすぎない。ここに相当のズレがあるように思います。

水田：日本人の研究者が見ていたものとぼくが見ているものとが何か違う。ぼくが見ているものがどうもうまく仲間に伝わらない、そういうことがあります。それが、しかし、何であるのか、よくわからない。安藤高穂君*は、僕の場合国際交流があると言う。おれはそれほどやってないんだけどね、内田義彦や小林昇よりは大きかったかもしれない。僕がインドネシアで捕虜になったとき、良心的兵役拒否のパンフレットをみつけたり、五〇年代からいろいろな知識人と断片的に触れ合った。それは断片でつないだ程度のものだが、そういうささいなものが意味があるかもしれない。古本屋漁りとかで得たものも小さくない。

――ミーク、ヒル、ホブズボームなどとの人的なつながりというものは、他の研究者に比べるとずっと豊かにおありでしたね。

水田：ホブズボームがぼくを紹介するときに、この人はアダム・スミスの翻訳が売れて、毎年イギリスに来る幸福な男です、なんて言う。また、彼が寄ってきて、いまアジェンデが倒れてラジオ・カナダからコメントを求められているんだが、というような広がりがある。振り返って、日本の仲間とは違うところに接触していた点があります。

――水田さんがつきあいをもたれた方々は、皆ヨーロッパの知識人です。ホブズボームの『市民革命と産業革命』の日本語版序文を読むと、自分の書いたことはヨーロッパ内部のことであって、日本のことは何も知らないと率直に書いています。そうすると、知的な広がりという点で、水田さんは彼らと同じヨーロッパ的伝統に属していますが、彼らにわからない日本的な脈絡にも片足を突っ込んでいる。すると、一面でわかりあえるが、他面ではわかり合えない部分をもっていたのではありませんか。

水田：ありますね。国際交流というのはそういうものなんですね。どこまで突き詰めていっていいものやら、なかなかわからないのです。

――ですから、お互いに世界的な規模で何かを一緒にやっていこうという気持ちの通じ合いがあるから、いわば同志なんですが、にもかかわらずお前の言うことはよくわかっているよと互いに言う場合でさえ、本当にお互いわかっているのかどうか、なかなかわからないということがどこかに残りませんか。

水田：前にも「語り明かさん今宵こそ」という寮歌に触れましたけど、国際交流でどこまでいけるでしょうか。難しいですね。ミークがレスター大学の教授になってからだったと思いますが、彼はハーシュマンの書評を頼まれたのだが、「これは君がやるほうがいいのだ」と言いました。エリックはマルクスとスミスの市民社会論を比較したぼくの論文を読んで、批判を部分的に受けいれるとともに、君がスミス研究のエキスパートになった理由がわかったと言ってきました。

――印象で恐縮ですが、新稿の「戦間期の思想」の箇所で各国のレジスタンスを記述し、ドイツの「白ばら」グループのことをお書きになっておられて、斬首刑に処せられたショル兄妹について「ハンスとはほぼ同年の筆者は、日本で何ができただろうか」(三〇〇頁)と書いています。読みようによっては少しセンチメンタルかもしれません。しかし、大戦間の思想とは水田さんにとって過去の思想ではなく、生きた同時代の決断の問題でありました。感銘を受けました。

水田:はい。

「あとがき」の意味

――「戦後思想の諸潮流」について、伺います。八〇年代にいわゆるポストモダンが流行しまして、フランス構造主義も前後して入ってきました。リオタール、アルチュセール、フーコーなどです。共通しているのは、主体の解体、歴史の解体、意味の解体ということであったと思います。さて、こういう流行思想が跋扈したときに、戦後社会科学の本流の仕事は徐々に周辺へ追いやられたと思います。私は、流行思想を多少は読みましたが、ふうんとは思いましたが、ちっとも元気が出ないなあと遠望するばかりでした。水田さんは、八〇年代にどういうお気持ちでポストモダンの思想の台頭を見ておられましたか。

水田：なんだか、よくわからないです。なんだか大病したみたいに、そこのところが抜けているんです。

――本当に病気になっていたのですか。

水田：いやそんなことは一度もなかったんです。だけどぽかっと抜けているんです。だからわかりません。

――それはどういうことでしょうか。それは不勉強ということじゃなくて、瞥見するんだが、自分の求めているものがそこにないので、遠ざかったということでしょうか。

水田：どうもそんな感じなんだ。一九八六年にエディンバラに行って、約一年滞在しました。

――しかし、それにもかかわらず、新稿版ではレヴィ＝ストロースの構造主義、アルチュセール、フーコーについては、実に厳しい評価がくだされています。「支離滅裂」、「言い換え」、「繰り返し」などというのですから。あとでお読みになったのですね。

水田：そうですね、いくつかは読みました。その頃、アダム・スミス蔵書目録にかかりっきりでした。ホッブズでも四〇年かかっているんですよ。それで相当流行遅れになっていたんですね。

――最後に『新稿　社会思想小史』の「あとがき」について伺います。この版だけが、筋をご親切にまとめてくださっています。短いですが、非常に重要な要約です。一八世紀の近代理性がロマン主義とマルクス主義によって批判され、ロマン主義は抽象的理性を具体化、個人化する。他方、マルクス主義は理性をブルジョア理性と位置づけ、プロレタリアートの階級意識を対置した。こうして、理性批判が始まると、階級自体が個人化していくという意味で「啓蒙理性が階級へ分解されたあとの個人への分解」が起こった。「理性の分解の分解」です。この「分解の分解」は最後に思想史的には、ポストモダン思想となって出てくるのだと。それが終着点だというのです。「近代的自我、あるいは啓蒙の理性の解体過程の終着点ではあるが、歴史や社会の脈絡がなく、したがって抵抗に自己をかける個人もなく、……言語遊戯があるにすぎない。この社会現象は、思想の問題ではない」（二二四頁）。これは、私にとっては、水田さんを代表とする戦後社会科学の側からの、構造主義やポストモダン思想への反撃のように見えます。さらに最後には、思想の大河をあとづけるのはホッブズ、スミス、マルクス、ヴェーバー、サルトルの五人である。この船は信頼できるもので、河口の渦（ポストモダン）に「まきこまれることはない」と書いています。なんと手厳しい評価でしょうか。五人を基準に置きますと、戦後諸思想は、当然大河を下る「信頼できる船」をすすめることができる。そして何がまきこまれてはならないものかも見えるというわけです。現代思想の課題は、河口の渦を適切に処理をして、先へ進むことだということですね。

水田：はい、そうなりますね。

――渦を適切に処理できずに、ひょっとすると渦にまきこまれているのかもしれないですね。

水田：（現代思想は）そうなっちゃっているかもしれない。

――念のためですが、この五人を貫いているのは何でしょうか。それを「近代個人主義、合理主義、ラディカルな民主主義」と書いておられます。マルクス以外は、確かにこれが当てはまると皆が言うでしょうが、さて残ったマルクスにもこの三要素が妥当するのでしょうか。ことに近代個人主義はマルクスにもあるのでしょうか。普通は、マルクスは社会主義である、だから個人主義を乗り越えたものだ。個人主義が多ければ、社会主義ではありえないし、もし社会主義が多ければ個人主義にはなれない、どうあっても個人主義と社会主義とは水と油のようなものだという考えが強いのではないでしょうか。あえて伺いますが、マルクスも近代個人主義なんですか。

水田：そうです。疎外論がそれだと思います。マルクスが最初に「デモクリトスとエピクロスの自然哲学における差異」で古代哲学からやるわけですね。あの捉え方がずっと後まで来ている。やっぱりすごいです。

――古代ギリシアがどういうふうにして個人概念を出してきているかが関心になっている。

水田：読み直してみて、やっぱりすごいなと思いました。

――すると、社会主義というものの中身はマルクスの場合、個人主義の否定じゃなくて、実現ですね。

水田：それはそうなんだと思います。だから疎外論です。

――この新稿版もそういう視点から書かれているのですか。

水田：そうです。最後の「現代の社会思想は、基本的な点でマルクスの枠のなかにある」は、その意味で書きました。

――どうも長時間、ありがとうございました。

おわりに

二〇一四年一〇月三一日、水田洋氏は京都自由大学に招かれ、「社会思想史について」というタイトルの講義をおこなった。内容は、一九三〇年代からの氏の学問的歩みから説き起こし、最後は時間の都合で、名古屋オリンピック招致反対運動までで締めくくるものであった。九五歳とは思えない張りのある声で朗々と思想と学問、関連する人物の思い出を語った。

参加した市民は、京都ではめったに聞けない氏の肉声に耳を傾け、同時代のあれこれの人物について盛んに質問をし、個性的な反応を求めた。論評はときに率直で手厳しく、またときには、そっけなく「簡単じゃないね」「難しいなあ」というように距離を確保するものであった。この変幻自在にも面白さがあった。

西洋社会思想史の大家である。知識と社交のスケールはとても大きい。水田氏といえば、ホッブズからスミスに至るイギリス近代思想史研究が有名であるが、同時に、マルクス（そして戦後思想ではサルトル）についても高い評価を持っている。しかも、それを包むように、古代から現代までの西洋社会思想史をまとめている。これは、おそらく福沢諭吉『文明論之概略』と並び称される達成である。だが両者には根本的な違いがある。福沢が近代化の理論的チャンピオンであったとすると、氏の立場は複眼的である。すなわち、進んだヨーロッパを手本として遅れた日本を見ているという面が、確かに今もあるが、進んだ近代批判者マルクスを手本にして、近代批判の遅れを日本の中に見ている面もある。市民社会を高く評価すると同時に資本主義を厳しく批判する。

こういう視角は、一九三〇年代の東京商科大学の高島善哉ゼミの中にすでにあったものだということを、インタビューでも講義でも繰り返している。これは、矛盾した立場なのだろうか。それとも、最も生産的な立場なのだろうか。おそらく、この複眼に関する限り、氏の生涯の一貫性はほとんど揺らぐところがない。ということは、一九三〇年代から現代まで、確かに表層で日本と世界は激烈に変化したわけだが、それにも関わらず、一〇〇年程度で思想が直面している課題はたいして変わらないということなのであろう。後続の人々は、たぶん水田氏の複眼の配分を変えて、より多く近代擁護へ戻ったり、逆により多く近代批判へ比重を移すことだろう。いずれにせよ、氏の手持ちのカードの中で配分を変えるだけである。そうである限り、思想史家水田洋氏の軌跡は、この先まだ当分のあいだ私たちの関心の的でありつづけるだろう。

（竹内　真澄）

（インタビューは、二〇一四年六月四日、一七日、一一月一八日の三回、名古屋大学高等研究院水田洋研究室でおこなわれた。聞き手は竹内真澄。）

《本書に登場する人物および用語：本文中の＊》

1頁

『近代人の形成』 水田洋氏の最初の単著。東京大学出版会、一九五四。

『社会思想小史』 最も早く、中教出版、一九五一があり、その後ミネルヴァ書房、一九五六年版、一九六八年版、一九九八年版、二〇〇六年版（新稿版）がある。

A・スミス（一七二三〜一七九〇）イギリスの経済学者。古典派経済学の創始者。水田訳『道徳感情論』上下、二〇〇三、水田監訳『国富論』二〇〇〇〜二〇〇一、水田訳『法学講義』二〇〇五、いずれも岩波文庫。

「アダム・スミスにおける同感概念の成立」（一橋論叢、第六〇巻第六号、一九六八）『アダム・スミス論集　国際的研究状況のなかで』ミネルヴァ書房、二〇〇九所収。

2頁

T・ホッブズ（一五八八〜一六七九）イギリスの思想家。近代社会契約論の提唱者。国家の存在根拠を人間の自己保存に求めた。水田訳『リヴァイアサン』岩波書店（岩波文庫）、一九五四〜一九八五。

N・マキャヴェッリ（一四六九〜一五二七）イタリアの政治思想家。政治を宗教や道徳から切り離して捉えることを提唱した。水田社会思想史では、封建道徳から離脱した最初の近代人と位置づけられ、ホッブズ、スミスの先達とされる。『君主論』一五三二。

3頁

内田義彦（一九一三〜一九八九）愛知県生まれ。経済学史家、社会思想史家。『経済学の生誕』ほか『内田義彦著作集』岩波書店、一九八八〜二〇〇二。

丸山眞男（一九一四～一九九六）大阪生まれ。日本思想史家。『丸山眞男集』岩波書店、一九九五～一九九七。

F・ボルケナウ（一九〇〇～一九五七）オーストリア生まれ。思想史家。一九三四年に『封建的世界像から市民的世界像へ』を発表。

羽仁五郎（一九〇一～一九八三）群馬県生まれ。人民史観を唱えた歴史家。『マキャヴェッリ 君主論その歴史的背景』岩波書店（岩波大思想文庫）、一九三六、『羽仁五郎歴史論著作集』青木書店、一九六七。

林達夫（一八九六～一九八四）東京生まれ。文芸評論家。明治大学教授。『林達夫著作集』平凡社、一九七一～一九八七。

4頁

千代田謙（一八九九～不明）歴史家。『西洋近世史學史序説』三省堂、一九三五、『西欧自由主義史学の研究』亜紀書房、一九七一。

小林昇（一九一六～二〇一〇）京都生まれ。経済学史家。立教大学教授。『小林昇経済学史著作集』未来社、一九七六～一九八八。

6頁

A・ジッド（一八六九～一九五一）フランスの小説家。一九四七年ノーベル文学賞。『背徳者』『狭き門』など。

室生犀星（一八八九～一九六二）石川県生まれ。小説家。『室生犀星全集』新潮社、一九六四～一九六八。

9頁

竹本洋 一九四四年富山県生まれ。経済学史家。関西大学名誉教授。『経済学体系の創成 ジェイムズ・ステュアート研究』名古屋大学出版会、一九九五。

東亜研究所　内閣直属の企画院が一九三八年に設立した外郭団体の調査研究機関。敗戦後解体。

10頁

G・G・コウルトン（一八五七〜一九四七）イギリスの思想史家。

13頁

三二年テーゼ　一九一九年から四三年まで存在した「共産主義インターナショナル」（別名コミンテルン）が一九三二年に発表した『日本における情勢と日本共産党の任務に関するテーゼ』のこと。日本の支配体制は、寄生地主制と独占資本を基礎にした絶対主義的天皇制であると規定した。

奈良本辰也（一九一三〜二〇〇一）山口県生まれ。歴史家。『近世封建社会史論』高桐書院、一九四八、『吉田松陰』岩波書店（岩波新書）、一九五一など。

14頁

フランクフルト学派　ドイツ、一九二三年に設立された社会研究所に所属する社会哲学のグループ。

清水多吉　一九三三年福島県生まれ。思想史家。『一九三〇年代の光と影』河出書房新社、一九八六。

ボルケナウについての論文　細井保「近代のアンチノミーと全体主義——フランツ・ボルケナウの政治思想」『思想』二〇〇五年、第九七四号。

16頁

スカルノ（一九〇一〜一九七〇）インドネシア初代大統領。

19頁
高島善哉（一九〇四～一九九〇）岐阜県生まれ。社会科学者。『高島善哉著作集』こぶし書房、一九九七～一九九八。
20頁
大塚金之助（一八九二～一九七七）東京生まれ。経済学者、社会思想史家。『大塚金之助著作集』岩波書店、一九八〇～一九八一。
21頁
岩波雄二郎（一九一九～二〇〇七）東京生まれ。東京府立第一中学校出身。岩波書店創業者、岩波茂雄の次男。岩波書店社長時に『広辞苑』を創刊。
山田盛太郎（一八九七～一九八〇）愛知県生まれ。経済学者。『日本資本主義分析』など『山田盛太郎著作集』岩波書店、一九八三～一九八五。
23頁
宮本憲一　一九三〇年台北生まれ。経済学者。水田ゼミ出身。『社会資本論』有斐閣、『戦後日本公害史論』岩波書店など。
吉田静一（一九三〇～一九八二）東京生まれ。経済思想史家。水田ゼミ出身。『フランス重商主義論』未来社、一九六二。
24頁
水田珠枝　一九二九年、東京生まれ。思想史家。『女性解放思想の歩み』岩波書店（岩波新書）、一九七三。

平田清明（一九二二〜一九九五）東京生まれ。経済学史家。『経済科学の創造』一九六五、『市民社会と社会主義』一九六九、いずれも岩波書店。

生松敬三（一九二八〜一九八四）東京生まれ。思想史家。『社会思想の歴史』岩波書店、二〇〇二、『両大戦間のヨーロッパ』三省堂、一九八一など。

25頁

『思想の科学』　一九四六〜一九九六年まで刊行された雑誌。鶴見俊輔、丸山眞男、都留重人、武谷三男、武田清子、渡辺慧、鶴見和子が創刊した。

鶴見俊輔　一九二二年東京生まれ。哲学者。一九四三年インドネシアのジャワ島に赴任し、主として敵国の放送の翻訳に従事した。当時ジャワにいた水田氏とは会っていない。『鶴見俊輔集』筑摩書房、一九九一〜二〇〇一。

安川寿之輔　一九三五年兵庫県生まれ。教育思想史家。『日本近代教育の思想構造　福沢諭吉の教育思想研究』新評論、一九七〇。『福沢諭吉のアジア認識』高文研、二〇〇〇、『福沢諭吉と丸山眞男』高文研、二〇〇三。

26頁

加藤周一（一九一九〜二〇〇八）東京生まれ。東京府立第一中学校出身。評論家。『加藤周一著作集』平凡社、一九七九〜二〇一〇、九条の会発起人。

27頁

有江大介　一九五一年生まれ。『労働と正義：その経済学史的検討』創風社、一九九〇。

アンドルー・スキナー（一九三五〜二〇一一）イギリス・スコットランドの思想史家。川島信義・小柳公洋・関源太郎訳『アダム・スミス　社会科学体系序説』未来社、一九七七。

クェンティン・スキナー　一九四〇年生まれ。イギリスの思想史家。門間都喜郎訳『近代政治思想の基礎——ルネッサンス、宗教改革の時代』春風社、二〇〇九、半澤孝麿・加藤節編訳、『思想史とはなにか』岩波書店。

30頁

E・P・トムスン（一九二四〜一九九三）イギリスの歴史家。一九五〇年代末のニューレフト運動に参加した。市橋秀夫、芳賀健一役『イングランド労働者階級の形成』青弓社、二〇〇三。

ロンルド・L・ミーク（一九一七〜一九七八）イギリスの経済学史家。水田洋・永井義雄訳『古典政治経済学と資本主義』ミネルヴァ書房、一九五九。

名古屋大学の図書館に入れたもの　名古屋大学附属図書館蔵『水田文庫』和洋の図書・雑誌七、一〇〇冊余からなる。

『ニュー・リーズナー』　イギリス、一九五七〜一九五九刊行。ジョン・サヴィルとE・P・トムスンが編集した反スターリン主義の雑誌。

32頁

F・テンニース（一八五五〜一九三五）ドイツの社会学者。『トマス・ホッブズ　人生と学説』一九二五、杉之原寿一訳『ゲマインシャフトとゲゼルシャフト』岩波書店（岩波文庫）、一九五七。

ユリウス・リプス（一八九五〜一九五〇）ドイツの社会学者。テンニースの高弟。

33頁

名古屋オリンピックに反対する市民の会　水田洋氏らがつくったオリンピック誘致反対の団体。一九七七年愛知県知事はオリンピック誘致計画を発表。続いて名古屋市長も誘致に賛成したが、市民の反対組織が数団体旗揚げし、世論は分裂していた。一九八一年バーデンバーデンで市民団体は反対のチラシをまき、IOCは本命視されていた名古屋でなくソウルを選んだ。

35頁

丘浅次郎（一八六八〜一九四四）『丘浅次郎著作集』有精堂出版、一九六八〜一九六九。

三七頁

坂本達哉　一九五五年東京生まれ。社会思想史家。『ヒュームの文明社会』創文社、一九九五によって日本学士院賞。『社会思想の歴史』名古屋大学出版会、二〇一四。

40頁

丸山眞男生誕一〇〇年シンポジウム（東京）　二〇一四年三月二一日東京・永田町の星陵会館で「丸山眞男生誕一〇〇年記念講演会――二〇世紀の思想的営為を二一世紀に『開いて』ゆくために」が開かれた。丸山の教えを受けた朴忠錫（パク・チュンソク）梨花女子大学校名誉教授は「丸山眞男の社会科学と韓国」と題して講演した。

W・S・ジェヴォンズ（一八三五〜一八八二）イギリスの経済学者。『経済学の理論』一八七一、で限界効用概念を展開した。『純粋論理学』一八六四。

41頁

瀧井一博　一九六七年福岡県生まれ。『伊藤博文』中央公論新社、二〇一〇。

梁啓超（一八七三～一九二九）清末民国初の政治家。日本に亡命し、近代思想を日本語から訳して中国に送った。『新民説』（一九〇二）。

42頁

「近代的野蛮人」　内田義彦短評「水田洋『近代人の形成――近代社会観成立史』」『内田義彦著作集』第三巻、「ぼくはホッブズ的人間を近代人というかわりに、近代的野蛮人の生誕と言いきってみることが必要ではないかとおもう」。

43頁

近藤和彦　一九四七年愛媛県生まれ。西洋史家。『民のモラル――近世イギリスの文化と社会』山川出版社、一九九三、『イギリス史一〇講』岩波書店（岩波新書）、二〇一三など。

46頁

ユニウスのパンフレット　『ユニウスの手紙』は一八世紀にイギリスで発行された政治時評。ユニウス名のペンネームは古代ローマ共和制の創設者ルキウス・ユニウス・ブルートゥスに由来する。またローザ・ルクセンブルク（一八七一～一九一九）は一九一六年自宅で「グルッペ・インターナツィオナーレ」全国協議会を開き、当時拘禁されていた獄中で起草した指針を採択し、『スパルタクス書簡』と題した非合法の冊子を発行することを決定した。このときローザは、同じくルキウス・ユニウス・ブルートゥにちなむペンネーム「ユニウス」を用いた。ローザには著作『ユニウスのパンフレット』がある。

J・S・ミル（一八〇六〜一八七三）イギリスの経済学者。『自由論』一八五九、水田洋訳『代議制統治論』岩波書店（岩波文庫）、一九九七。

47頁

ハリエット・テイラー（一八〇七〜一八五八）イギリスのフェミニスト。一八五一年からJ・S・ミルの妻。女性選挙権の運動を行った。

48頁

オーストロ・マルクシズム　一八九〇年代から一九三九年にかけて理論誌『闘争』に集まった、カール・レンナー、マックス・アードラー、ルドルフ・ヒルファーディング、オットー・バウアーらの理論活動を総称するもの。哲学的には新カント派、政治的には社会民主主義左派に位置する。

ハンス・ケルゼン（一八八一〜一九七三）オーストリアの法学者。オーストリア共和国憲法を起草。法実証主義。長尾龍一訳『純粋法学』岩波書店、二〇一四。

カール・メンガー（一八四〇〜一九二一）オーストリアの経済学者。限界効用学派の祖。安井琢磨、八木紀一郎訳『国民経済学原理』日本経済評論社、一九九九。

アントン・メンガー（一八四一〜一九〇六）オーストリアの法学者。カールの弟。森戸辰男訳『全労働収益権史論』弘文堂書房、一九二四。

65頁

ハンス・カロッサ（一八七八〜一九五六）ドイツの作家。ナチズムへの抵抗を小説で表現した。『ハンス・カロッサ全集』全一〇巻、臨川書店、一九九六〜一九九八。

66頁

安藤隆穂　一九四九年愛知県生まれ。名古屋大学大学院経済学研究科教授。『フランス啓蒙思想の展開』名古屋大学出版会、一九八九、『フランス自由主義の成立』名古屋大学出版会、二〇〇七（日本学士院賞）。

略　歴

水田洋（みずた ひろし）

一九一九年　東京に生まれる

一九四一年　東京商科大学卒業

現　在　名古屋大学名誉教授、日本学士院会員

専　攻　社会思想史、経済思想史

主　著

『社会思想小史』中教出版、一九五一年

『近代人の形成』東京大学出版会、一九五四年

『アダム・スミス研究入門』未来社、一九五四年

『社会主義思想史』（水田珠枝との共著）東洋経済新報社、一九五八年

『社会思想史概論』（高島善哉、平田清明との共著）岩波書店、一九六二年

『マルクス主義入門』光文社、一九六六年

『アダム・スミス研究』未来社、一九六八年

『社会科学のすすめ』講談社現代新書、一九六九年

『社会科学の考え方—人間・知識・社会』講談社現代新書、一九七五年

『ある精神の軌跡』東洋経済新報社、一九七八年

『自由主義の夜明け—アダム・スミス伝』国土社、一九七九年

『評論集　クリティカルに』御茶の水書房、一九九四年

『思想の国際転位—比較思想史的研究』名古屋大学出版会、二〇〇〇年

『新稿　社会思想小史』ミネルヴァ書房、二〇〇六年

『アダム・スミス論集』ミネルヴァ書房、二〇〇九年

主訳書

アダム・スミス『グラスゴウ大学講義』（高島善哉との共訳）日本評論社、一九四七年

トマス・ホッブズ『リヴァイアサン』岩波文庫、一九五四〜一九八五年

フランツ・ボルケナウ『封建的世界像から市民的世界像へ』（花田圭介らとの共訳）みすず書房、一九五九年

J・S・ミル『代議制統治論』岩波文庫、一九九七年

アダム・スミス『国富論』（杉山忠平訳、水田洋監訳）岩

波文庫、二〇〇〇年〜二〇〇一年
アダム・スミス『道徳感情論』上下、岩波文庫、二〇〇三年
アダム・スミス『法学講義』岩波文庫、二〇〇五年
トマス・ホッブズ『ホッブズの弁明／異端』未来社、二〇一一年

≪編者紹介≫

竹内　真澄（たけうち　ますみ）

1954 年　高知県に生まれる

1982 年　立命館大学大学院社会学研究科博士後期課程単位取得

現　在　桃山学院大学社会学部教授，京都自由大学講師

専　攻　社会学史，社会思想史

主　著

『福祉国家と社会権—デンマークの経験から』晃洋書房，2004 年

『物語としての社会科学—世界的横断と歴史的縦断』桜井書店，2011 年

『諭吉の愉快と漱石の憂鬱』花伝社，2013 年

水田 洋　社会思想史と社会科学のあいだ

——近代個人主義を未来へ貫く——

2015 年 3 月 30 日　初版第 1 刷発行　　定価 本体 1000 円（税別）
2015 年 9 月　5 日　初版第 2 刷発行

編　者　竹内 真澄

発行者　市民科学研究所

〒 600-8458 京都市下京区油小路通松原下ル樋口町

京都社会文化センター内

振替口座　00910-0-226071　市民科学研究所

発　売　株式会社 晃洋書房

〒 615-0026 京都市右京区西院北矢掛町 7

電　話 075(312)0788　FAX 075(312)7447

振替口座　01040-6-32280

ISBN978-4-7710-2634-6　　印刷・製本（株）エクシート

市民科学研究所刊行物案内（1）

三宅正伸著『「新書」から学ぶ公務員の教養力―公共の仕事の流儀を変える力―』

■内容紹介■

公務員および公共性ある仕事の世界
第Ⅰ編　公務員になるための素養
第Ⅱ編　公的制度の基礎知識
第Ⅲ編　介護・福祉の基礎知識
第Ⅳ編　人と人との関係性の今後
第Ⅴ編　今日的課題から将来に向けて
第Ⅵ編　現実的問題の吟味

公務員を目指す人、
公務員になった人のために！

＜定価：1000 円（税別）＞

重本直利著『ディーセントマネジメント
―マネジメントの貧困からいかに抜け出すか―』

■内容紹介■

第Ⅰ部　人と人の関係性のマネジメント力
第１章　何故、今、市民のマネジメントか
第２章　共に生きるマネジメント
第３章　市民のマネジメントとしてのドラッカー
第４章　市民的つながりと「もしドラ」

第Ⅱ部　働きがいのある人間らしいマネジメント力
第５章　世界初の協同組合は
　　　　どうマネジメントされたか
第６章　原発をどうマネジメントするか
第７章　大学をどうマネジメントするか
付論　主体的実務家・坂本龍馬の思想と論理

＜定価：1200 円（税別）＞